El Nuevo Periodismo

Tom Wolfe

El Nuevo Periodismo

Traducción de José Luis Guarner

EDITORIAL ANAGRAMA
BARCELONA

Título de la edición original:
The New Journalism
Harper & Row
Nueva York, 1973

Ilustración: Tom Wolfe a principios de 1970 / CSU Archives / Everett Collection vía
Alamy / Cordon Press. Concepto: Compañía (lookatcia.com)

Primera edición en «Contraseñas»: 1977
Primera edición en «Compactos»: octubre 2012
Primera edición en «Crónicas»: abril 2026

Diseño de la colección: Julio Vivas y Estudio A

© EDITORIAL ANAGRAMA, S. A. U., 1977
Pau Claris, 172
08037 Barcelona

ISBN: 978-84-339-4938-7
Depósito legal: B. 693-2026

Printed in Spain

Especialidades Gráficas Editoriales, S. A., calle de Roís de Corella, 12
08205 Sabadell (Barcelona)

Primera parte
Tom Wolfe
El Nuevo Periodismo

1. EL JUEGO DEL REPORTAJE

Dudo de que muchos de los ases que ensalzaré en este trabajo se hayan acercado al periodismo con la más mínima intención de crear un «nuevo» periodismo, un periodismo «mejor», o una variedad ligeramente evolucionada. Sé que jamás soñaron en que nada de lo que iban a escribir para diarios o revistas fuese a causar tales estragos en el mundo literario... a provocar un pánico, a destronar a la novela como número uno de los géneros literarios, a dotar a la literatura norteamericana de su primera orientación nueva en medio siglo... Sin embargo, esto es lo que ocurrió. Bellow, Barth, Updike –incluso el mejor del lote, Philip Roth– están ahora repasando las historias de la literatura y sudan tinta, preguntándose dónde han ido a parar. Malditos sean todos, Saul, han llegado los *bárbaros*...

Dios sabe que nada nuevo abrigaba mi mente, y mucho menos en cuestiones literarias, cuando conseguí mi primer empleo en un periódico. Me impulsaba un ansia desatada y artificial hacia algo completamente distinto. Chicago, 1928, y todo lo que eso significaba... Reporteros borrachos huidos de los pupitres del *News* meando en el río al amanecer... Noches enteras en el bar escuchando cómo cantaba «Back of the Yards» un barítono que no era otra cosa que una tortillera ciega y solitaria con vasos de leche en vez de ojos... Noches enteras en la oficina de los detectives... Siempre era de noche en mis sueños sobre la vida periodística. Los reporteros jamás trabajaban de día. Yo quería la película entera, sin que le faltase una escena...

Yo era consciente de que aquello había reducido mi ánimo a esta estúpida condición de Príncipe Estudiante. Daba lo mismo, yo no podía evitarlo. Acababa de cursar cinco años de estudios superiores, una aclaración que tal vez nada signifique para quien nunca se haya sometido a tan bárbaro tratamiento; lo explica todo, sin embargo. No estoy seguro de que pueda darles a ustedes la más remota idea de lo que son los estudios superiores. Millones de norteamericanos cursan ahora estudios superiores, pero al pronunciar la frase –«estudios superiores»– ¿cuál es la imagen que se forma en nuestro cerebro? Ninguna, ni siquiera borrosa. La mitad de los compañeros de estudios superiores que he conocido iban a escribir una novela sobre el tema. Yo mismo tuve tal intención. Nadie ha escrito ese libro, que yo sepa. Todos olían bastante bien la atmósfera. ¡Qué mórbida! ¡Qué ponzoñosa! ¡Sin equivalente en el mundo! Pero el tema acabó siempre por derrotarlos. Desafía la estilización literaria. Una novela semejante sería un estudio de la frustración, pero una clase de frustración tan exquisita, tan inefable, que nadie sería capaz de describirla. Intenten imaginar la peor escena de la peor película de Antonioni que hayan visto, o leer *El planeta de Mr. Sammler*[1] de un tirón, o simplemente intenten leerlo, o imagínense que están encerrados en un vagón de ferrocarril de la Seaboard, a dieciséis millas de Gainesville, Florida, en dirección norte hacia la línea Miami-Nueva York, sin agua y con el radiador que se pone al rojo, enloquecido por el amok, y mientras George McGovern, sentado junto a ustedes, explica su filosofía de gobierno. Eso les dará una idea general de la atmósfera.

En cualquier caso, al conseguir mi doctorado en Literatura Norteamericana en 1957, yo me hallaba en las garras crispadas de una enfermedad de nuestro tiempo cuyos pacientes experimentan un arrollador deseo de incorporarse al «mundo real». Así empecé a trabajar en los periódicos. En 1962, después de unas tazas de café aquí y allá, llegué al *New York Herald Tribune*... ¡Ese debía ser el lugar!... Contemplaba la oficina del *Herald Tribune*, a cien polvorientas yardas al sur de Times Square, con una especie de atónito embeleso bohemio... O eso es el mundo real, Tom, o no hay

1. Novela de Saul Bellow.

mundo real... El lugar parecía el cepillo de limosnas de la iglesia de la Buena Voluntad... un confuso montón de desperdicios... Escombros y fatiga por doquier... Si el redactor-jefe de noticias locales, por ejemplo, disponía de una silla giratoria, la articulación estaba rota, de tal modo que, al levantarse, se desplomaba cada vez como si hubiera recibido un golpe lateral. Todos los intestinos del edificio aparecían a la vista en anillos y líneas diverticulares: conductos eléctricos, tuberías de agua, tubos de calefacción, conductos de ventilación, mangueras contra incendios, todo ello bamboleándose y chirriando por entre el techo, las paredes y las columnas. Todo ese desbarajuste había sido pintado, de pies a cabeza, con algún légamo industrial, gris plomo, verde metro, o ese increíble rojo mortecino, esa mezcla siniestra de pigmento y suciedad con que se pintan suelos en los trabajos de ornamentación. En el techo había abrasadores tubos fluorescentes, que hacían la atmósfera azul como el *radium* y quemaban las zonas sin cabello en la cabeza de los correctores, quienes nunca se movían. Era una gran fábrica de pasteles... El Sueño del Propietario... No había paredes interiores. La jerarquía social no aparecía delimitada por zonas de oficina. El redactor ejecutivo trabajaba en un espacio tan miserable y astroso como el del último reportero. La mayoría de los periódicos era así. Tal disposición se instituyó décadas atrás por razones prácticas. Pero se ha perpetuado a causa de un hecho curioso. En los periódicos, muy pocos empleados editoriales al final de la escala –esto es, los reporteros– abrigaban en absoluto ambiciones de ascenso, de convertirse en redactores locales, redactores ejecutivos, redactores en jefe, o cualquier otra cosa del resto. Los directores no temían amenazas de abajo. No necesitaban paredes. Los reporteros no exigían demasiado... ¡únicamente convertirse en *estrellas*! ¡Y de tan inmediato fulgor!

Esa era una de las cosas que nunca se han contado en los libros sobre periodismo o en esas fraternales, descomedidas, resbaladizas, bañadas-en-alcohol recopilaciones de recuerdos sobre los días del periodismo y los hijos del siglo... esto es, las fantásticas sinuosidades de la competencia por situarse en el periodismo... Por ejemplo, en la mesa detrás de la mía en la oficina del *Herald Tribune* se sentaba Charles Portis. Portis era el prototipo del impertinente lacónico. En una ocasión, le llamaron para que tomase parte en un programa de televisión al estilo de *Meet the Press* con Malcolm X, y Malcolm X cometió el error de largarles a los reporteros una pequeña conferencia sobre el tema de que no quería que nadie le llamase «Malcolm», porque no era el camarero de un vagón-restaurante: ocurría que su nombre era «Malcolm X». Hacia el final del programa Malcolm X estaba furioso. Se subía por las dichosas paredes insonorizadas. El prototipo del impertinente lacónico, Portis, le había estado llamando invariable y continuamente «Mr. X»... «Ahora, Mr. X, permítame preguntarle...» El caso es que Portis tenía la mesa detrás de la mía. Más abajo, confinado en otro extremo de la sala en algo así como una celda de castigo, estaba Jimmy Breslin. Encima, a un lado, se sentaba Dick Schaap. Todos nos hallábamos empeñados en una forma de competición periodística de la que nadie, que yo sepa, ha hablado jamás en público. Y sin embargo, Schaap había dejado de ser redactor-jefe local del *New York Herald Tribune*, que era uno de los puestos legendarios en periodismo –en otras palabras, había *descendido* en su categoría profesional–, con el exclusivo fin de entrar en este juego secreto.

Todo el mundo conoce esa peculiar forma de competencia entre los reporteros, el llamado *pisotón*. Los especialistas del pisotón luchan con sus colegas de otros periódicos, o servicios informativos, para ver quién consigue una noticia primero y la redacta más deprisa; cuanto «mayor» sea la noticia –*id est*, más relación tenga con temas de poder o de catástrofe–, mejor. En suma, les atañe lo que constituye la materia principal de un periódico. Pero había también esa otra categoría de periodistas... Tendían a ser lo que se llama «especialistas en reportajes». Lo que les confería un rasgo común es que todos ellos consideraban el periódico como un motel donde se pasa la noche en su ruta hacia el triunfo final. El objetivo era conseguir empleo en un periódico, permanecer íntegro, pagar el alquiler, conocer «el mundo», acumular «experiencia», tal vez pulir algo del amaneramiento de tu estilo... luego, en un momento determinado, dejar el empleo sin vacilar, decir adiós al periodismo, mudarse a una cabaña en cualquier parte, trabajar día y noche durante seis meses, e iluminar el cielo con el triunfo final. El triunfo final se solía llamar La Novela.

12

Eso sería Algún Día, ¿comprenden?... Mientras tanto, esos seres ideales continuaban allí batiéndose, en cualquier lugar de los Estados Unidos donde hubiera un periódico, luchando por una diminuta corona que el resto de los mortales ni siquiera conocía: el Mejor Especialista en Reportajes de la Ciudad. El «reportaje» era el término periodístico que denominaba un artículo que cayese fuera de la categoría de noticia propiamente dicha. Lo incluía todo, desde los llamados «brillantes», breves y regocijantes sueltos, cuya fuente era con frecuencia la policía –por ejemplo, ese provinciano que tomó una habitación en un hotel de San Francisco la noche pasada, resuelto a suicidarse, y se tiró por la ventana de un quinto piso... para romperse la cadera tres metros más abajo. Lo que no sabía es... ¡que el hotel se hallaba emplazado sobre una colina en declive!–, hasta «anécdotas de interés humano», relaciones largas y con frecuencia repugnantemente sentimentales de almas hasta entonces desconocidas acosadas por la tragedia o de aficiones fuera de lo común dentro de la esfera de circulación del periódico... En cualquier caso, los temas de reportaje proporcionaban un cierto margen para escribir.

Al contrario de los periodistas de pisotón, quienes trabajaban en el reportaje no reconocían abiertamente que existiese competencia entre ellos, ni a sus propios colegas. Ni existía tampoco marcador de ninguna clase. Aun así, cada uno de los que tomaban parte en el juego sabía con exactitud cuanto pasaba y dejaba de pasar a través de los más mortificantes asedios de la envidia, incluso el resentimiento, o bien a través de oleadas de euforia, según evolucionase el curso del juego. Nadie admitiría jamás tal cosa, y sin embargo todos experimentaban las consecuencias, casi a diario. El ruedo en que lidiaban los expertos del reportaje difería del de los periodistas de escuela también en otro sentido. La competencia no consistía necesariamente en que trabajaras para otra publicación. Podría resultar igualmente probable tener que competir con gente de tu propio periódico, lo que hacía aún menos probable que sintieras deseos de hablar sobre el asunto.

Así que allí me encontraba frente a la mitad de la competencia de Nueva York, justo en la misma oficina que yo, porque el *Herald Tribune* era como la plaza de toros principal de Tijuana para los especialistas del reportaje... Portis, Breslin, Schaap... Schaap y Breslin tenían su columna, lo que les permitía mayor libertad, pero yo imaginé que podía vencerlos a los dos. Había que ser valiente. Encima, en el *Times*, estaban Gay Talese y Robert Lipsyte. En el *Daily News* estaba Michael Mok. (Había otros competidores también en todos los demás periódicos, incluyendo el *Herald Tribune*. Menciono únicamente a los que recuerdo con mayor claridad.) Mok y yo habíamos sido rivales antes, cuando yo trabajaba en el *Washington Post* y él en el *Washington Star*. Mok era un duro competidor, porque, por cualquier cosa, no vacilaba en arriesgar su pellejo con el mismo valor insensato que más tarde mostró en sus reportajes sobre el Vietnam y la guerra árabe-israelí para *Life*. Mok era capaz... de cosas fantásticas. Por ejemplo, el *News* mandó a Mok y a un fotógrafo para hacer un reportaje sobre un hombre gordo que intentaba perder peso encerrándose en una barca de vela anclada en Long Island Sound («Soy uno de esos tíos que pasan delante de una charcutería, respiran hondo y engordan inmediatamente cuatro kilos»). La lancha que alquilaron se jorobó a un kilómetro y medio de la balandra del gordo, solo cuatro o cinco minutos antes de la hora del cierre de la redacción. Era marzo, pero Mok se tiró al agua y empezó a nadar. El agua estaba a poco más de un grado sobre cero. Estuvo nadando hasta que se quedó medio muerto, y el gordo tuvo que pescarlo con un remo. Así consigue Mok el reportaje. Él marca la hora de cierre. El *News* publicó fotos de Mok nadando para hacer llegar esta saga de la dieta del gordinflón a dos millones de lectores. Por el contrario, de haberse ahogado, de convertirse en pasto de los peces en el hepatítico estercolero del Sound, nadie habría solicitado una medalla para él. Los directores guardan sus lágrimas para los corresponsales de guerra. En cuanto a los que escriben reportajes... cuanto menos se hable, mejor. (Precisamente el otro día vi cómo uno de los grandes sursuncordas del *New York Times* reaccionaba con sorpresa ante el elogio superlativo a uno de los redactores más populares de su periódico, Israel Shenker, en estos términos: «Pero ¡si escribe *reportajes*!».) No, si Mok llega a incrustarse en el banco de ostras aquella tarde, no hubiera conseguido siquiera la más modesta recompensa del periodismo, que consiste en medio minuto de silencio en la cena del Club de Prensa Extranjera. Y sin embargo, ¡se arrojó al Long Island Sound en marzo! ¡Tal era la furiosa competencia en nuestro extraño y diminuto cubil!

Al mismo tiempo, todos quienes tomaban parte en el juego pasaban por momentos terriblemente amargos, durante los cuales se les encogía el corazón y se decían: «No haces más que engañarte a ti mismo, chico. Esta no es más que otra de tus tortuosas excusas para postergar la decisión de poner *toda* la carne en el asador... irte a la cabaña... y escribir tu novela». ¡Tu Novela! A estas alturas –en parte por causa del propio Nuevo Periodismo– resulta difícil explicar lo que significaba para el Sueño Americano la idea de escribir una novela en los años cuarenta, los cincuenta, hasta principios de los sesenta. La Novela no era una simple forma literaria. Era un fenómeno psicológico. Era una fiebre cerebral. Figuraba en el glosario de *Introducción general al psicoanálisis*, en algún sitio entre Narcisismo y Obsesiones Neuróticas. En 1969 Seymour Krim escribió para *Playboy* una extraña confesión que empezaba así: «La novela realista norteamericana de mitad a final de los años treinta literalmente me creó, conformó, talló y me proporcionó un mundo con un objetivo. Desde los catorce a los diecisiete años me atiborré de obras de Thomas Wolfe (empezando con *Del tiempo y el río*, entusiasmándome con *La mirada del ángel* y manteniendo el ritmo hasta el pasmoso final de Big Tom), Ernest Hemingway, William Faulkner, James T. Farrell, John Steinbeck, John O'Hara, James Cain, Richard Wright, John Dos Passos, Erskine Caldwell, Jerome Weidman y William Saroyan, y los latidos de mi corazón me hicieron comprender que quería ser novelista». El artículo se convertía en una confesión, porque Krim empezaba por admitir que la idea de ser novelista había sido la irresistible pasión de su vida, su llamada espiritual, en fin, el motor que había mantenido el tictac de su ego a través de las desdichadas humillaciones sufridas por su flamante condición de hombre, para luego enfrentarse con el hecho de que ahora, ya cuarentón, aún no había escrito una novela y era más que probable que jamás la escribiría. Personalmente me fascinó el artículo, pero no comprendía por qué *Playboy* lo había publicado, a menos que se tratara de los 10 cm³ mensuales de penicilina literaria de la revista... para mantener a raya a gonococos y espiroquetas... No podía imaginar que nadie que no fuese escritor se sintiera interesado por el Complejo de Krim. Ahí, sin embargo, es donde me equivocaba.

Después de pensarlo más despacio, comprendí que la palabra escritor implica solo una parte de los norteamericanos que han experimentado la peculiar obsesión de Krim. Estoy ansioso por apostar a que, no hace tanto tiempo, la mitad de las personas que iban a trabajar en editoriales, lo hacían en la creencia de que su destino real era el de ser novelistas. Entre la gente que forma lo que llaman el sector creativo de la publicidad, aquellos que realmente conciben los anuncios, el porcentaje ha debido de llegar al 90 por ciento. En 1950, en *The Exurbanites*, el fallecido A. C. Spectorsky pintaba al espléndidamente remunerado genio publicitario de Madison Avenue como individuo que no empezaba un libro sin examinar el texto de las solapas y la foto del autor en la contraportada... y si ese cabrito de ego inflamado con camisa desabrochada y cabellos ondeando al viento era más joven que él, no soportaba la idea de abrir el maldito libro. Tal era el influjo de la abominable Novela. Lo mismo entre los que trabajaban en televisión, relaciones públicas, cine, en las facultades de literatura de universidades y escuelas superiores, entre empleados, administrativos, hijos solteros que viven con mamá... todo un enjambre de fantaseadores que se cocían y proliferaban en los acolchados egos de América...

La Novela parecía el último de uno de aquellos fenomenales golpes de suerte, como encontrar oro o extraer petróleo, gracias a los cuales un norteamericano, de la noche a la mañana, en un abrir y cerrar de ojos, podía transformar completamente su destino. Había muchos ejemplos con que alimentar a la fantasía. En los años treinta todos los novelistas parecían saltar a los resplandores de la fama desde la más absoluta oscuridad. Eso parecía acreditar la autenticidad del ejemplar. Las notas biográficas en las solapas de las novelas eran tremendas. El autor, podías tener la completa seguridad, había trabajado antes como albañil (Steinbeck), despachante de transportes (Cain), botones (Wright), repartidor de la Western Union (Saroyan), lavaplatos de un restaurante griego en Nueva York (Faulkner), chófer de camión, leñador, cosechador de fresas, mecánico, piloto agrícola... Era interminable... Algunos novelistas podían exhibir ristras enteras de credenciales por el estilo... De esta manera podías cerciorarte de que el género era auténtico...

Hacia los años cincuenta La Novela se había convertido en un torneo de amplitud nacional. Existía la mágica suposición de que el fin de la Segunda Guerra Mundial en 1945 significaba el amanecer de una nueva edad de oro en la Novela Norteamericana, comparable a la era Hemingway-Dos Passos-Fitzgerald que siguió a la Primera Guerra Mundial. Existía incluso una especie de Club Olímpico donde los nuevos niños prodigio se encontraban cara a cara todos los domingos por la tarde en Nueva York, por ejemplo, la White Horse Tavern en Hudson Street... ¡Ah! ¡Ahí está Jones! ¡Ahí está Mailer! ¡Ahí está Styron! ¡Ahí está Baldwin! ¡Ahí está Willingham! ¡En carne y hueso... precisamente aquí en esta sala! El escenario estaba estrictamente reservado a los novelistas, gente que escribía novelas, y gente que rendía pleitesía a La Novela. No había sitio para el periodista, a menos que asumiese el papel de aspirante-a-escritor o de simple cortesano de los grandes. No existía el periodista *literario* que trabajase para revistas populares o diarios. Si un periodista aspiraba al rango literario... mejor que tuviese el sentido común y el valor de abandonar la prensa popular e intentar subir a primera división.

En lo que concierne a la división pequeña de especialistas del reportaje, dos de los contendientes, Portis y Breslin, lograron convertir en realidad la fantasía. Los dos escribieron sus novelas. Portis lo consiguió de un modo muy parecido a como ocurre en el sueño, fue increíble. Un día abandonó de repente su corresponsalía en Londres del *Herald Tribune*. Algo que se consideraba como un empleo de excepción en el negocio periodístico. Portis se fue un día de improviso; así, tranquilamente, sin avisar. Regresó a los Estados Unidos y se mudó a una cabaña de pescadores en Arkansas. En seis meses escribió una hermosa y pequeña novela titulada *Norwood*. Luego escribió *Valor de ley*, que fue un bestseller. Las críticas fueron fenomenales... Vendió los derechos cinematográficos de ambos libros[1]... Ganó una fortuna... ¡Una cabaña de *pesca-*

---

1. El segundo fue filmado por Henry Hathaway en 1969 (*Valor de ley*), el primero por Jack Haley Jr. en 1970.

dores! ¡En *Arkansas!* Era demasiado puñeteramente perfecto para ser verdad, y aun así lo era. Lo que equivale a decir que el viejo sueño, La Novela, jamás había muerto.

El caso es que al comenzar los años sesenta un nuevo y curioso concepto, lo bastante vivo como para inflamar los egos, había empezado a invadir los diminutos confines de la esfera profesional del reportaje. Este descubrimiento, modesto al principio, humilde, de hecho respetuoso, podríamos decir, consistiría en hacer posible un periodismo que... se leyera igual que una novela. *Igual* que una novela, a ver si ustedes me entienden. Era la más sincera fórmula de homenaje a La Novela y a esos gigantes, los novelistas, desde luego. Ni siquiera los periodistas que se aventuraron primero en esta dirección dudaban por un momento que el escritor era el artista soberano en literatura, ahora y siempre. Todo cuanto pedían era el privilegio de revestir su mismo ropaje ceremonial... hasta el día en que se armaran de valor, se mudaran a la cabaña y lo intentaran de veras... Eran soñadores, es cierto, pero no soñaron jamás una cosa. No soñaron jamás la ironía que se aproximaba. Ni por un momento adivinaron que la tarea que llevarían a cabo en los próximos diez años, como periodistas, iba a destronar a la novela como máximo exponente literario.

2. IGUAL QUE UNA NOVELA

¿Qué es esto, en nombre de Cristo? En otoño de 1962 se me ocurrió coger un ejemplar de *Esquire* y leí un artículo que se titulaba «Joe Louis: el Rey hecho Hombre de Edad Madura». El trabajo no comenzaba en absoluto como el típico artículo periodístico. Comenzaba con el tono y el clima de un relato breve, con una escena más bien íntima; íntima al menos según las normas periodísticas vigentes en 1962, en todo caso:

«–¡Hola, querida! –gritó Joe Louis a su mujer, al verla esperándole en el aeropuerto de Los Ángeles.

Ella sonrió, acercándose a él, y cuando estaba a punto de empinarse sobre sus tacones para darle un beso, se detuvo de pronto.

–Joe, ¿dónde está tu corbata? –preguntó.

–Ay, queridita –se excusó él, encogiéndose de hombros–. Estuve fuera toda la noche en Nueva York y no tuve tiempo...

–¡Toda la *noche*! –cortó la mujer–. Cuando estás ahí, lo que tienes que hacer es dormir, dormir y dormir.

–Queridita –repuso Joe Louis con una sonrisa fatigada–. Soy un hombre viejo.

–Sí –concedió ella–. Pero cuando vas a Nueva York, quieres ser joven otra vez.»

El artículo destacaba varias escenas como esta, mostrando la vida privada de un héroe del deporte que se hace cada vez más viejo, más calvo, más triste. Enlaza con una escena en el domicilio de la segunda mujer de Louis, Rose Morgan. En esta escena Rose Morgan exhibe una película del primer combate entre Joe Louis y

Billy Conn en un salón lleno de gente, entre la cual se halla su actual marido.

«Rose parecía excitada al ver a Joe en su mejor forma, y cada vez que un puñetazo de Louis hacía tambalear a Conn, mascullaba "Mummm" (golpe). "Mummm" (golpe). "Mummm". Billy Conn estaba grandioso en los asaltos intermedios, pero cuando en la pantalla centelleó el rótulo "13 Asalto", alguien comentó:

–Ahora es cuando Conn va a cometer su error; intentar atacar a Joe Louis.

El marido de Rose permaneció silencioso, sorbiendo su whisky. Cuando las combinaciones de Louis comenzaron a surtir efecto, Rose repitió "Mummmmm, mummmmm", y luego el pálido cuerpo de Conn empezó a derrumbarse contra la pantalla.

Billy Conn comenzó a incorporarse lentamente. El árbitro contaba sobre él. Conn alzó una pierna, luego la otra, luego se puso de pie; pero el árbitro le hizo retroceder. Era demasiado tarde.

... y entonces, por primera vez, al fondo del salón, desde las blancas profundidades del sofá, resonó la voz del actual marido –*otra vez esa mierda de Joe Louis*.

–Yo creo que Conn se levantó a tiempo –proclamó–, pero ese árbitro no le dejó continuar.

Rose Morgan no dijo nada; simplemente engulló el resto de su bebida.»

¿Qué demonios pasa? Con unos cuantos retoques todo el artículo podía leerse como un relato breve. Los pasajes de ilación de escenas, los pasajes explicativos, pertenecían al estilo convencional de periodismo de los años cincuenta, pero se podían refundir fácilmente. El artículo se podía transformar en un cuento con muy poco trabajo. Su carácter realmente único, sin embargo, era el tipo de información que manejaba el reportero. Al principio no conseguí entenderlo, francamente. De veras, no comprendía que alguien tuviera acceso a cosas como la pequeña digresión personal entre un hombre y su cuarta esposa en un aeropuerto, para luego seguir con ese sorprendente numerito por el camino de los recuerdos en el salón de su segunda esposa. Mi reacción instintiva, de defensa, fue pensar que el hombre había cargado la suerte, como

suele decirse... lo había adornado, inventado el diálogo... Dios mío, tal vez había inventado escenas enteras, el mentiroso sin escrúpulos... Lo gracioso del caso es que fue esa precisamente la reacción que incontables periodistas e intelectuales literarios experimentaron durante los nueve años siguientes en los que el Nuevo Periodismo adquirió impulso. *¡Los cabritos se lo están inventando!* (Se lo digo yo, árbitro, esa jugada es *ilegal*...) La resolución elegante de un reportaje era algo que nadie sabía cómo tomar, ya que nadie estaba habituado a considerar que el reportaje tuviera una dimensión estética. Por aquel tiempo yo leía revistas como *Esquire* raras veces. No habría leído el artículo de Joe Louis de no estar escrito por Gay Talese. Después de todo, Talese era un periodista del *Times*. Era uno de los que tomaban parte en mi juego del reportaje. Lo que había escrito para *Esquire* se hallaba tan por encima de lo que hacía (o le dejaban hacer) para el *Times* que yo tenía que descubrir lo que estaba pasando.

No mucho tiempo después, Jimmy Breslin empezó a escribir una columna local extraordinaria para mi propio periódico, el *Herald Tribune*. Breslin llegó al *Herald Tribune* de la nada, lo que quiere decir que había escrito un centenar de artículos o así para revistas como *True, Life* y *Sports Illustrated*. Como es natural, era virtualmente desconocido. En aquella época, calentarse la cabeza como colaborador independiente de revistas populares era un sistema garantizado de permanecer anónimo. Breslin despertó la atención del editor del *Herald Tribune*, Jock Whitney, gracias a su libro sobre los New York Mets,[1] titulado *Can't Anybody Here Play This Game?* El *Herald Tribune* contrató a Breslin para escribir una columna local «brillante», que pudiese contrarrestar algo de la balumba de la página editorial; moderar los efectos anestésicos de expertos tales como Walter Lippmann y Joseph Alsop. Las columnas de los periódicos se han convertido en una ilustración clásica de la teoría de que las organizaciones tienden a elevar a la gente a sus niveles de incompetencia. La práctica usual consistía en otorgarle a un hombre una columna como recompensa por sus servicios dis-

---

1. Popular equipo de béisbol.

tinguidos como reportero. De esta manera se perdía un buen reportero y se ganaba un mal escritor. El arquetipo de los columnistas periodísticos era Lippmann. Durante treinta y cinco años Lippmann no hizo en apariencia otra cosa que ingerir el *Times* todas las mañanas, fagocitarlo en su ponderativo cacumen durante unos cuantos días, para luego eyectarlo metódicamente bajo la forma de una gota de papilla sobre la frente de varios cientos de miles de lectores de otros periódicos en los días sucesivos. El único reportaje de verdad que recuerdo que Lippman hiciera fue la visita protocolaria a un jefe de Estado, durante la cual tuvo la oportunidad de sentarse en mullidas butacas de lujosos despachos y tragarse personalmente las mentiras oficiales del homenajeado, en vez de leerlas en el *Times*. Y no pretendo ridiculizar a Lippman, sin embargo. Solo hacía lo que se esperaba de él...

En cualquier caso, Breslin hizo un descubrimiento revolucionario. Hizo el descubrimiento de que era realmente factible que un columnista abandonara el edificio, saliese al exterior y recogiera su material a pie con su propio y genuino esfuerzo personal. Breslin iba a ver al redactor-jefe local para preguntarle qué noticias y citas se habían recibido, elegía una, se marchaba de la casa, cubría la información a la manera de un reportero, y la desarrollaba luego en su columna. Si la noticia era lo bastante significada, su columna empezaba en primera página en vez de en el interior. Por obvio que pueda parecer este sistema, era una completa novedad entre los columnistas de periódico, fuesen locales o nacionales. Los columnistas locales resultan aún más patéticos, si tal cosa es posible. Arrancan por lo general con el depósito lleno, dándose a conocer como tremendos *boulevardiers* y *raconteurs*, vendiendo al por menor en letra impresa todos los maravillosos *mots* y anécdotas que han recogido a la hora del almuerzo durante los últimos años. Después de ocho o diez semanas, sin embargo, empieza a terminárseles el combustible. Se mueven torpemente y dan boqueadas, pobres cabritos. Están muertos de sed. Se les ha acabado el tema. Empiezan a escribir sobre las cosas graciosas que ocurrieron cerca de su casa el otro día, sobre chistes caseros como que la Querida Costilla o la Dama del Avon se han largado, o sobre algún libro o artículo fascinante que hayan estimulado su imaginación, o sobre cualquier cosa que han visto en la televisión. ¡Dios bendiga a la televisión! Sin programas de televisión que canibalizar, la mitad de estos hombres se vería perdida, completamente catatónica. No pasa mucho tiempo sin que ese azul tuberculoso, perceptible casi a simple vista, de la pantalla de 23 pulgadas irradie de su prosa. Cada vez que ustedes vean a un columnista tratando de ordenar temas de su vida doméstica, artículos, libros, o el receptor de televisión, tendrán en sus manos un alma hambrienta... Deberían de mandarle una cesta...

Pero Breslin trabajaba como un energúmeno. Se podía pasar todo el día recopilando información, volver a las cuatro o así de la tarde, y sentarse ante una mesa en la sala de la redacción local. Todo un espectáculo. Breslin era un irlandés de buena apariencia con una abundante pelambrera negra y las agallas de un luchador nato. Al sentarse ante su máquina de escribir, se encorvaba hasta adquirir la forma de una bola de bolos. Se ponía a beber café y a fumar cigarrillos hasta que el vapor empezaba a impulsar su cuerpo. Parecía una bola de bolos alimentada con oxígeno líquido. Al entrar en ignición, comenzaba a teclear. Nunca he visto un hombre capaz de escribir tan bien sobre la base de una hora de cierre fija. Recuerdo particularmente un artículo suyo sobre la condena, por el delito de extorsión, de un jefazo del Sindicato de Camioneros llamado Anthony Provenzano. Al principio del artículo, Breslin presenta la imagen del sol que entra a través de las viejas y polvorientas ventanas del tribunal federal y que hace resplandecer el diamante en el anillo del meñique de Provenzano:

«La mañana no estaba nada mal. El patrón, Tony Provenzano, que es uno de los capitostes de la Unión de Camioneros, recorría arriba y abajo el pasillo que da paso a este tribunal federal de Newark, con una pequeña sonrisa en el rostro mientras sacudía por todas partes la ceniza de una boquilla blanca.

–Hoy hace un día estupendo para pescar –decía Provenzano–. Tendríamos que salir y hacernos con unas truchas.

Luego separó las piernas un poco para abordar a un tipo gordo que se llamaba Jack, que vestía un traje gris. Tony sacó la mano izquierda como si lanzara el anzuelo sobre ese Jack. El diamante que Tony llevaba en el meñique centelleó a la luz que entraba por las altas ventanas del pasillo. Luego Tony se ladeó y le pegó a Jack una palmada en el hombro con la mano derecha.

–Siempre en el hombro –rió uno de los individuos que estaban en el pasillo–. Tony siempre le sacude a Jack en el hombro.»

El artículo continúa por el estilo con los cortesanos de Jersey rodeando y adulando a Provenzano, mientras el sol hace resplandecer el anillo de su meñique. Dentro de la sala del tribunal, sin embargo, Provenzano empieza a recibir su merecido. El juez empieza a reprenderle, y el sudor brota en el labio superior de Provenzano. Luego el juez le condena a siete años, y Provenzano empieza a retorcerse el anillo en el dedo meñique con la mano derecha. Finalmente Breslin remata su trabajo con una escena en la cafetería donde el joven fiscal que ha llevado el caso está comiendo escalopa y ensalada de frutas en una bandeja.

«–No llevaba nada que brillase en la mano. El tipo que ha hundido a Tony Pro no tiene un anillo de diamantes en el meñique.»

¡Bien! ¡Muy bien! ¡Decid lo que queráis! Ahí estaba, un relato breve, completo, con su simbolismo y todo, y encima sacado de la vida misma, como suele decirse, sobre algo que ha ocurrido hoy, y que se puede comprar en el quiosco a las once de esta noche por diez centavos...

El trabajo de Breslin suscitó un indefinido resentimiento tanto entre periodistas como literatos durante el primer año o dos. Digo indefinido porque nunca entendieron del todo lo que estaba haciendo... como no fuese que de algún modo ruin y vulgar la producción del hombre era *literaria*. Entre los intelectuales de la literatura se hablaba de Breslin como de «un poli que escribe» o «un Runyon que hace asistencia social».[1] No eran insultos inteligentes siquiera, sin embargo, porque se basaban en la actitud de Breslin, que parecía ser la del taxista con la gorra ladeada sobre un ojo. Parecían no ser conscientes en absoluto de una parte crucial del trabajo de Breslin: esto es, su labor como reportero. Breslin convirtió en una costumbre el llegar al escenario mucho antes del acontecimiento con el fin de recoger material ambiental, el ensayo en el

---

1. Damon Runyon (1884-1946), humorista y escritor norteamericano especializado en la observación de peculiares personajes de la fauna de Nueva York.

cuarto de maquillaje, que le permitieran crear un personaje. De su *modus operandi* formaba parte el recoger los detalles «novelísticos», los anillos, la transpiración, las palmadas en el hombro, y lo hacía con más habilidad que muchos novelistas.

Los profesionales de la literatura no captaron este aspecto del Nuevo Periodismo, a causa del supuesto inconsciente por parte de la crítica moderna de que la materia prima está sencillamente «ahí». Es lo que está «dado». La idea es: Dado tal y tal cuerpo de material, ¿qué ha hecho el artista con él? El papel crucial que ese trabajo de reportero juega en cualquier tipo de narración, ya sea en novelas, películas o ensayos, es algo que no es que haya sido ignorado, sino sencillamente que no se ha comprendido. La noción moderna del arte es una esencialmente religiosa o mágica, según la cual se considera al artista como una bestia sagrada que, de algún modo, grande o pequeño, recibe fogonazos provenientes de la cabeza del dios, proceso que se denomina creatividad. El material es meramente su arcilla, su paleta... Hasta la obvia relación entre la crónica y las grandes novelas –basta con pensar en Balzac, Dickens, Gógol, Tolstói, Dostoyevski, y, de hecho, Joyce– es algo que los historiadores literarios han considerado únicamente en un sentido biográfico. Le ha tocado al Nuevo Periodismo llevar esta extraña cuestión de la crónica a primer plano.

Pero eso son cuestiones sobre las que volveremos más tarde. No recuerdo que nadie hablase de ellas por aquel entonces. Yo no, desde luego. En la primavera de 1963 hice mi presentación personal en este nuevo ruedo, aunque sin proponérmelo. He descrito ya (en la introducción de *El embellecido cochecito aerodinámico fluorescente*) las extrañas circunstancias en las que escribí mi primer artículo para una revista –«ahí viene (¡Vruum! ¡Vruum!) ese Embellecido Cochecito Aerodinámico (¡Rahghhh!) Fluorescente (¡Thphhhhhh!) Doblando la Curva (Brummmmmmmmmmmmmmmmmm)...»– en forma de lo que creía un simple memorándum al director gerente de *Esquire*. Este artículo no era por ningún concepto un relato corto, pese al empleo de escenas y de diálogo. Yo no pretendía tal cosa en absoluto. Es difícil de explicar cómo era. Era una subasta de cosas usadas, aquel artículo... bosquejos, retales de erudición, fragmentos de notas, breves ráfagas de sociología, apóstrofos, epítetos, lamentos, cháchara, todo lo que me venía a la cabeza, cosido en su mayor parte de forma tosca y torpe. En eso residía su virtud. Me descubrió la posibilidad de que había algo «nuevo» en periodismo. Lo que me interesó no fue solo el descubrimiento de que era posible escribir artículos muy fieles a la realidad empleando técnicas habitualmente propias de la novela y el cuento. Era eso... y más. Era el descubrimiento de que en un artículo, en periodismo, se podía recurrir a cualquier artificio literario, desde los tradicionales dialogismos del ensayo hasta el monólogo interior y emplear muchos géneros diferentes simultáneamente, o dentro de un espacio relativamente breve... para provocar al lector de forma a la vez intelectual y emotiva. No estoy echándole gladiolos a ese más bien pintoresco primer trabajo mío, entiéndanme. Hablo únicamente de lo que me sugirió.

Pronto tuve oportunidad de explorar cada una de las posibilidades que se me ocurrían. El *Herald Tribune* me asignó servicios simultáneos, como si fuera un defensa escoba. Dos días por semana trabajaba oficialmente en la redacción local como reportero a cargo de asuntos generales, como de costumbre. Los otros tres días me dedicaba oficialmente a preparar un artículo semanal de 1.500 palabras para el nuevo suplemento dominical del *Herald Tribune*, que se llamaba *New York*. Al mismo tiempo, a partir del éxito de «Ahí Viene (¡Vruum! ¡Vruum!) Ese Embellecido Cochecito Aerodinámico (¡Rahghh!) Fluorescente (¡Thphhhhh!) Doblando la Curva (¡Brummmmmmmmmmmmmmmmmmm!)...», fabricaba también artículos para *Esquire*. Esta distribución laboral era lo bastante insensata para empezar. Recuerdo haber hecho una escapada en avión a Las Vegas en mis dos días de trabajo oficial en el *Herald Tribune* para escribir un artículo encargado por *Esquire* —«¡¡¡¡Las Vegas!!!!»—, sentarme luego dándome vueltas la cabeza en el borde de una cama de raso blanco en una suite Hog-Stomping Baroque en un hotel del Strip —en el decorado que llaman Hog-Stomping Baroque hay candelabros de cristal de 400 libras en los cuartos de baño— y coger el teléfono para dictar al equipo taquigráfico de la redacción local del *Tribune* el último tercio de un artículo sobre las carreras de demolición de coches en Long Island para *New York* –«Sana diversión en Riverhead»–, esperando terminar a tiempo para mi cita con un psiquiatra vestido con traje de seda negra de moaré con botones de metal y cuello vuelto sobre los hombros, sin solapas, uno de los dos únicos psiquiatras de Las Vegas County por aquel entonces, que me acompañaría a visitar a las víctimas del Strip en el pabellón estatal de enfermos mentales que se hallaba más allá de Charleston Boulevard. Lo más insensato del asunto es que el artículo sobre las carreras de demolición de coches fue el último que escribí que se acercara más o menos a las 1.500 palabras. En lo sucesivo empezaron a aumentar hasta 3.000, 4.000, 5.000, 6.000 palabras. Igual que Pascal, lo lamentaba, pero no tenía tiempo de escribirlos más cortos. En los nueve meses que quedaban de 1963 y la primera mitad de 1964 escribí tres largos artículos más para *Esquire* y veinte para *New York*. Todo eso sin contar lo que estaba escribiendo como reportero para la redacción local del *Herald Tribune* dos días por semana. La idea de un día libre perdió toda significación. Recuerdo que me puse furioso el lunes 25 de noviembre de 1963, porque necesitaba desesperadamente ponerme en contacto con ciertas personas para terminar algún que otro artículo y todas las oficinas de Nueva York parecían estar cerradas, una tras otra. Era el día del funeral del presidente Kennedy. Recuerdo que me puse a mirar la televisión... malhumorado, pero no por nobles motivos.

Puesto a experimentar en este terreno, las condiciones por las que trabajaba entonces no podían ser más ideales. Escribía principalmente para *New York*, que, como ya he dicho, era un suplemento dominical. En aquella época, 1963, los suplementos dominicales estaban cerca de ser la forma más humilde de publicación periódica. Su jerarquía andaba muy por debajo del periódico diario normal, y solo ligeramente por encima de la prensa sensacionalista, de publicaciones como el *National Enquirer* en su época «Abandoné a mis niños en la puerta del orfanato». Como resultado, los suplementos dominicales no tenían tradiciones, ni pretensiones, ni esperanzas de sobrevivir, ni siquiera reglas de cómo había que expresarse. Eran como un caramelo para el intelecto, eso es todo. Los lectores no se sentían culpables si los ponían a un lado, los tiraban o no los miraban siquiera. No experimenté nunca la menor vacilación ante cualquier artificio que razonablemente atrajese la atención del lector unos cuantos segundos más. Traté de gritarle justo al oído: ¡*Quieto ahí!*... En los suplementos dominicales no había sitio para las almas apocadas. Así fue como empecé a jugar con el artificio del «punto de vista».

Por ejemplo, una vez escribí un artículo sobre las chicas detenidas en la Prevención de Mujeres de Greenwich Village,[1] en el cruce de la avenida Greenwich y la avenida de las Américas, un cruce que se conocía como el Paraíso de las Chaladas. Las chicas solían gritarles a los chicos de la calle, a todos los simpáticos, libres, pusilánimes y satisfechos viandantes del Village que veían andar por allá abajo. Le gritaban a cada varón el primer nombre que se les ocurría –«¡Bob!», «¡Bill!», «¡Joe!», «¡Jack!», «¡Jimmy!», «¡Willie!», «¡Benny!»– hasta que acertaban con el correcto, y algún pobre bobo se detenía para mirar hacia arriba y contestarles. Ellas le sugerían entonces un montón de singulares imposibilidades anatómicas para que el chico se distrajese probándolas consigo mismo y se echaban a reír como locas. Yo estaba allí una noche cuando pescaron a un chico de unos veintiún años llamado Harry. Así que empecé el artículo con las chicas gritándole:

«¡Hai-ai-ai-ai-ai-ai-ai-ai-ai-ai-ai-ai-ai-ai-ai-ai-ai-ai-ai-ai-ai-ai-ai-ai-ai-ai-ai-ai-ai-ai-ai-ai-ai-ai-ai-ai-ai-ai-ai-ai-rryyyyyyyyyyyyyyyyyyyy!».

Miré lo que había escrito. Me gustó. Decidí que me divertiría gritarle yo mismo a aquel cabrito. Así que empecé a increparle, yo también, en la frase siguiente:

«Oh, querido y amable Harry, con tu peinado de gángster de película francesa, con tu camiseta de cuello alto de la Ski Shop y encima tu camisa de algodón azul del economato del Ejército y la Armada, con tus pantalones de pana de Bloomsbury que viste anunciados en la edición aérea del *Manchester Guardian* y que te mandaron por encargo, y con tu agazapada y plana libido intelectual errante por Greenwich Village... ¿te ha invocado a ti realmente esa sirena?».

Entonces hice que las chicas le gritasen otra vez:

1. «Voces de Village Square.»

«¡Hai-ai-ai-ai-ai-ai-ai-ai-ai-ai-ai-ai-airyyyyyyyyyyy!».
Entonces volvía a empezar de nuevo, y así sucesivamente. No
había nada sutil en semejante procedimiento, que podría denomi-
narse el Narrador Insolente. Todo lo contrario. Por eso precisamente me gustó. Me gustó la idea de arrancar un artículo haciendo
que el lector, a través del narrador, hablase con los personajes, se
insolentase con ellos, los insultase, los hostigase con ironía o su-
perioridad, o lo que fuera. ¿Por qué pretender que el lector se quede tumbado y deje que los personajes vayan llegando de uno en
uno, como si su mente fuera una barra giratoria de entrada al metro? Pero yo era democrático acerca de eso, de veras que lo era. A
veces me metía yo en el artículo y jugaba conmigo mismo. Podía
convertirme en «el hombre del Borsalino marrón», un enorme y
algo policial sombrero italiano que usaba entonces, o «el hombre
de la corbata Big Lunch». Escribía sobre mí en tercera persona,
por lo general como si fuera un espectador perplejo o alguien que
pasa por la calle, lo que era con frecuencia el caso. Una vez incluso
comencé un artículo[1] sobre un vicio al que yo también me sentía
inclinado, los trajes hechos a medida, como si el narrador insolente fuese otra persona... que me trataba *a mí* con impertinencia:
«Ojales de verdad. ¡Eso es! Un hombre se puede desabrochar la
manga en la muñeca con el pulgar y el índice, porque esa clase de
trajes llevan ojales de verdad ahí. Tom, chico, es terrible. En cuanto lo descubres, ya no te puedes pasar sin eso. ¡De ninguna manera!»... así por el estilo... cualquier cosa con tal de evitar mi entrada
en materia como el narrador periodístico habitual, con un susurro
en la voz, como el locutor de radio en un partido de tenis.
La voz del narrador, de hecho, era uno de los grandes problemas en la literatura de no-ficción. La mayoría de los escritores de
no-ficción, sin saberlo, escribían en una tradición británica cente-
naria, según la cual se daba por entendido que el narrador debe
asumir una voz tranquila, cultivada y, de hecho, distinguida. La
idea era que la voz del narrador debía ser como las paredes blan-
quecinas o amarillentas que Syrie Maugham popularizó en la decoración de interiores... un «fondo neutral» sobre el cual pudieran

1. «El vicio secreto.»

destacar pequeños toques de color. La *elipsis* era la cuestión. No pueden imaginar lo categórica que era la palabra *elipsis* entre los periodistas y los literatos hace diez años. Algo hay que decir en favor del concepto, naturalmente, pero el problema residía en que al principio de los años sesenta la elipsis se había convertido en un auténtico tapiz mortuorio. Los lectores se aburrían hasta las lágrimas sin comprender el porqué. Cuando se topaban con ese tono beige pálido, esto empezaba a señalarles, inconscientemente, que aparecía otra vez un pelmazo familiar, «el periodista», una mente pedestre, un espíritu flemático, una personalidad apagada, y no había forma de desembarazarse de esa rutina desvaída, como no fuera abandonar la lectura. Eso no tenía nada que ver con la objetividad y la subjetividad, o asumir una postura o un «compromiso»: era una cuestión de personalidad, energía, empuje, brillantez... La voz del periodista medio tenía que ser como la voz del locutor medio... un ronroneo, un zumbido...

Para evitar esto yo no vacilaba en recurrir a cualquier cosa. Escribí un artículo[1] sobre Junior Johnson, un corredor automovilístico de Ingle Hollow, Carolina del Norte, que había aprendido a conducir transportando whisky de contrabando a Charlotte y otros puntos de distribución. «No existe un trabajo más duro en el mundo que contrabandear whisky», explicaba Johnson. «No conozco ningún otro negocio que te obligue a levantarte a cualquier hora de la noche y salir a andar por la nieve y todo eso y trabajar. Es el modo más difícil del mundo de ganarse la vida, y no creo que nadie lo haga sin que le hayan obligado.» En este caso, mientras Junior Johnson explicaba la industria del whisky americano de maíz, no había problema, porque a) el diálogo tiende a ser de natural atractivo, o fascinante, para el lector, y b) la jerga de Ingle Hollow que emplea resultaba insólita. Pero luego tenía que hacerme cargo yo de la explicación, con el fin de resumir en unos cuantos párrafos la información que había reunido en varias entrevistas. Así que... decidí adoptar yo también el lenguaje de Ingle Hollow, desde el momento en que le venía bien al tema. No hay ninguna ley que diga que el narrador tenga que hablar en beige o

1. «El último héroe norteamericano.»

en el dialecto de los malos periodistas de Nueva York. Así que continué la explicación yo mismo, como sigue:

«La mezcla que fermenta no le espera a uno. Empieza a soltar espuma cuando está a punto y uno tiene que estar allí para quitársela, esté en los bosques, en la maleza, en los zarzales, en el estercolero, en la nieve. Sería una gran cosa que uno lo tuviera todo a mano dentro de un viejo y cómodo cobertizo con techo de metal ondulado y ordenara esas piezas como a uno le dé la gana y no tuviera que contrabandear todo ese cobre y todo ese azúcar y todo lo demás y fuera calderero y fontanero y tonelero y carpintero y caballo de tiro y todo eso que Dios nunca ha visto, todo de una pieza. Y vivir de una manera decente... Junior y sus hermanos, sobre las dos de la madrugada, salen a hurtadillas hacia el escondrijo, el lugar donde se ha ocultado el licor una vez elaborado...».

Yo imitaba el acento de un contrabandista de whisky de Ingle Hollow, con el fin de crear la ilusión de ver la acción a través de la mirada de alguien que se halla realmente en el escenario y forma parte de él, más que hablar como un narrador beige. Empecé a considerar este procedimiento como la *voz de proscenio*, como si los personajes que se hallan en primer término del protagonista estuvieran hablando.

Con las descripciones hacía la misma cosa. En vez de presentarme como el locutor radiofónico que describe la gran parada, me deslizaba lo más rápidamente en las cuencas del ojo, como si dijéramos, de los personajes del artículo. Con frecuencia cambiaba el punto de vista en mitad de un párrafo o incluso de una frase. Empecé un artículo sobre Baby Jane Holzer, titulado «La chica del año», de la manera siguiente:

«Flequillos melenas ahuecados peinados campana gorras Beatle caras mantecosas pestañas postizas ojos pintados jerséis rellenos puntiagudos sostenes franceses chaquetas de cuero con flecos pantalones tejanos pantalones ceñidos tejanos ceñidos culos golosos botas altas con cremallera botas cortas zapatillas Knight de bailarina, cientos de ellas, esas llamativas pollitas, agitándose y gritando, corriendo de un lado para otro dentro del teatro de la Academy of Music bajo aquella vasta y vieja y polvorienta cúpula con querubines allá arriba: ¿no son supermaravillosas?

–¿No son supermaravillosas? –exclama Baby Jane, y añade–: ¡Hola, Isabel! ¡Isabel! ¿No quieres sentarte entre bastidores... con los Stones? El espectáculo no ha comenzado aún. Los Rolling Stones no han salido siquiera a escena, el local está repleto de una gran penumbra negruzca y mugrienta, y de esas llamativas pollitas. Las chicas se retuercen de esta manera y de aquella otra en el pasillo y a través de ojos fuertemente pintados, balanceándose con sus pestañas postizas Lengua de Tigre Lámeme y sus *appliqués* negros, balanceándose como árboles de Navidad de escaparate, no dejan de mirarla a ella, Baby Jane, en el pasillo.»

El párrafo inicial es un torrente de ropa *groovy*,[1] que termina con la frase «¿No son supermaravillosas?». Con esta frase el punto de vista pasa a Baby Jane, y es a través de sus ojos que miramos a las chicas, «las llamativas pollitas», que se agolpan en el teatro. La descripción continúa a través de la mirada de Jane hasta la frase «no dejan de mirarla a ella, a Baby Jane», a partir de la cual el punto de vista se traslada a las chicas, y el lector se encuentra de improviso mirando a Baby Jane a través de los ojos de ellas: «¿Qué diablos es esto? Ella es vistosa hasta el más desaforado de los extremos. Su cabello se yergue sobre su cabeza en una enorme corona hirsuta, un bronceado intenso florece en una cara angosta con dos ojos abiertos –¡swock!– como paraguas, con todo ese pelo que flota sobre una casaca hecha de... ¡cebra! ¡Esas pobres franjas huérfanas! ¡Oh, maldita sea! Ahí está con sus amigas, algo así como una especie de abeja reina para todas las llamativas pollitas que hay por doquier».

De hecho, tres puntos de vista se emplean en este pasaje bastante breve, el punto de vista del personaje principal (Baby Jane), el punto de vista de las personas que la están mirando (las «llamativas pollitas»), y el mío propio. Yo cambiaba continuamente de punto de vista en un sentido o en otro, a menudo con brusquedad, en muchos de los artículos que escribí en 1963, 1964 y 1965. Con el tiempo un crítico me calificó de «camaleón» que instantá-

---

1. Expresión de *slang* que, entre otras varias acepciones, se aplica desde 1955 a lo que está de moda, el «último grito».

neamente asumía la coloración de aquello sobre lo que estaba escribiendo. Para él era un defecto. Yo lo tomé como un cumplido. Un camaleón... ¡pero si se trataba de eso!

A veces utilicé el punto de vista en el sentido jamesiano con que lo entienden los novelistas, para entrar en seguida en la mente de un personaje, para vivir el mundo a través de su sistema nervioso central a lo largo de una escena determinada. Al escribir sobre Phil Spector («El primer magnate adolescente»), comencé el artículo no solo dentro de su mente, sino con un virtual monólogo interior. Una de las revistas de información consideró aparentemente mi artículo sobre Spector como una proeza inverosímil, porque le entrevistaron y le preguntaron si no creía que este pasaje era una simple ficción que se apropiaba su nombre. Spector respondió que, de hecho, le parecía muy exacto. Esto no tenía nada de sorprendente, en cuanto cada detalle de este pasaje estaba tomado de una larga entrevista con Spector sobre cómo se había sentido exactamente en aquella ocasión:

«Todas esas gotas de lluvia deben de estar *drogadas* o algo. No bajan resbalando por la ventanilla, van hacia atrás, hacia la cola, como carcamales que caminasen sobre un colchón. El aeroplano se desliza sobre el cemento hacia la pista, para despegar, y esa estúpida agua infartada resbala, oblicuamente, de un lado a otro de la ventanilla. Phil Spector, 23 años, el magnate del rock and roll, productor de Philles Records, el primer nabab adolescente de Norteamérica, observa... esa patología acuosa... es *enfermiza, fatal*. Aprieta el cinturón del asiento sobre sus entrañas... Un zumbido brota del interior del avión, un chorro de aire sale disparado por el orificio de ventilación sobre el asiento de alguien, algún bobo enciende un cono de luz, hay un letrero que se alza junto a la pista, una absurda, crítica, demente instrucción al piloto –Pista 4, ¿Están Las Fundas Superiores del Cilindro BAJADAS?– y más allá una confusa hilera de luces de un color azul sulfuroso, igual que las luces del techo de una fábrica de pasta dentífrica de Nueva Jersey, solo que desparramadas sin parar en hileras azul sulfuroso sobre el condado de Los Ángeles. Todo es... confuso. Gotas de lluvia esquizoides. El aeroplano se parte en dos durante el despegue y todos los pasajeros de la mitad delantera se abalanzan sobre Phil

Spector en un torrente de cuerpos entre un espeso y anaranjado... *¡napalm! No*, ocurre en lo alto; hay un gran desgarrón en el costado del aparato, sencillamente se desgarra, ve rasgarse el techo, combarse en perversos goterones, como un huevo enfermizo de Dalí, y Phil Spector sale volando por la hendidura, sombrío, glacial. Y el aeroplano emite un ruido fino como *de caña*...

–¡Señorita!

Una azafata se dirige hacia el fondo con el fin de abrocharse el cinturón para despegar. El avión se mueve, los reactores truenan. Bajo una falda azul Lifebuoy, sus piernas a prueba de incendios se oyen rítmicamente, saliendo de unas incitantes-rosadas-braguitas Fantasy...».

Tenía la sensación, con razón o sin ella, de hacer cosas que nadie nunca había hecho antes en periodismo. Solía intentar imaginarme lo que experimentaban los lectores al encontrarse con toda esa desenvoltura y fragmentación en un suplemento dominical. Me gustaba esa idea. No me sentía parte integrante de ningún medio periodístico o literario normal. Más tarde leí la nostalgia del crítico inglés John Bayley de una época en la que los escritores tenían el sentido de Pushkin de «observar todas las cosas con una mirada fresca», como si fuera la primera vez, sin la constante intimidación de ser consciente de lo que otros escritores habían hecho ya. Esa era exactamente la sensación que yo tenía a mediados de los años sesenta.

Estoy seguro de que otros que experimentaban en los artículos de revista, empezaban a sentir lo mismo, como Talese. Estaban traspasando los límites convencionales del periodismo, pero no simplemente en lo que se refiere a técnica. La forma de recoger material que estaban desarrollando se les aparecía también como mucho más ambiciosa. Era más intensa, más detallada, y ciertamente consumía más tiempo del que los reporteros de periódico o de revista, incluyendo los reporteros de investigación, empleaban habitualmente. Fomentaron la costumbre de pasarse días enteros con la gente sobre la que estaban escribiendo, semanas en algunos casos. Tenían que reunir todo el material que un periodista persigue... y luego ir más allá todavía. Parecía primordial *estar allí* cuando tenían lugar escenas dramáticas, para captar el diálogo, los gestos, las expresiones faciales, los detalles del ambiente. La idea consistía en ofrecer una descripción objetiva completa, más algo que los lectores siempre tenían que buscar en las novelas o los relatos breves: esto es, la vida subjetiva o emocional de los personajes. Por eso resultó tan irónico que la vieja guardia del periodismo y la literatura empezase a tachar a este nuevo periodismo de «impresionista». Las facetas más importantes que se experimentaban en lo que a técnica se refiere, dependían de una profundidad de información que jamás se había exigido en la labor periodística. Solo a través del trabajo de preparación más minucioso era posible, fuera de la ficción, utilizar escenas completas, diálogo prolongado, punto de vista y monólogo interior. Con el tiempo, otros y yo fuimos acusados de «meternos en la mente de los personajes»... ¡Pero si de eso se trataba! Para mí esto era un timbre más que el reportero tenía que pulsar.

La mayoría de la gente que con el tiempo ha escrito sobre mi estilo, sin embargo, tiende a centrarse en ciertos manierismos: el uso abundante de puntos, guiones, signos de exclamación, cursivas y ocasionalmente figuras de puntuación que no se habían empleado nunca : : : : : : : : : y de interjecciones, gritos, palabras sin sentido, onomatopeyas, mimesis, pleonasmos, empleo continuo del presente histórico, etcétera. Esto me parecía bastante natural, por cuanto muchos de estos artificios resultaban perceptibles incluso antes de leer una sola palabra. La tipografía realmente *parecía* distinta. Con referencia a mi empleo de cursivas y signos de exclamación, un crítico observó, con desdén, que mi trabajo parecía sacado en cierto modo del diario de infancia de la reina Victoria. Los diarios de infancia de la reina Victoria son, de hecho, muy entretenidos, incluso encantadores. Basta compararlos con los kilómetros de prosa oficial que derramó sobre Palmerston, Wellington, Gladstone en cartas y comunicados, y sobre el pueblo inglés en sus proclamaciones, para comprender lo que quiero decir. Descubrí una gran cantidad de signos de puntuación y tipografía que yacían durmientes cuando yo empecé... y debo confesar que me divertí mucho empleándolos. Imaginé que ya era hora de que alguien violase lo que Orwell llamaba «las convenciones de Ginebra del pensamiento»... un protocolo que había encerrado al periodismo y más generalmente la no-ficción (y las novelas) en una tan tediosa cárcel durante tanto tiempo. Descubrí que cosas como los signos de exclamación, las cursivas, y los cambios bruscos (guiones) y las síncopas (puntos) contribuían a crear la ilusión de que una persona no solo hablaba sino que también pensaba. Solía divertirme poniendo puntos suspensivos donde menos se esperaba, no al final de una frase sino en la mitad, para crear el efecto... de un ritmo discontinuo. Me parecía que la mente reaccionaba ¡ante todo!... en puntos, guiones y signos de exclamación, racionalizados luego, reforzados fugazmente, por medio de comas.

Pronto descubrí que a la gente le gustaba parodiar mi estilo. Hacia 1966 las parodias comenzaron a llegar en tromba. He de confesar que las leía todas. Supongo que era porque en el fondo de toda parodia se esconde la bola de oro de un homenaje. Hasta las parodias hostiles admiten desde el principio que la persona a la que apuntan posee una voz distinta.

No ocurre muy a menudo que uno se tope con un nuevo estilo, punto. Y si un estilo nuevo se creaba no a través de la novela, ni del cuento, ni del poema, sino a través del periodismo... supongo que eso resultaría extraordinario. Fue probablemente esa idea —más que cualquier artificio determinado, como emplear escenas y diálogo en un estilo «novelístico»— lo que hizo concebir grandes ideas acerca de un periodismo nuevo. A mi modo de ver, si un estilo literario nuevo podía nacer del periodismo, resultaba entonces razonable que el periodismo pudiese aspirar a algo más que una simple emulación de esos envejecidos gigantes, los novelistas.

3. TOMANDO EL PODER

No tengo ni idea de quién concibió la etiqueta de «El Nuevo Periodismo» ni de cuándo fue concebida. Seymour Krim me dijo que la oyó por primera vez en 1965, cuando era redactor-jefe de *Nugget* y Pete Hamill le llamó para encargarle un artículo titulado «El Nuevo Periodismo» sobre gente como Jimmy Breslin y Gay Talese. Fue a finales de 1966 cuando se oyó hablar por primera vez a la gente del «Nuevo Periodismo» en las tertulias, que yo recuerde. No estoy seguro... A decir verdad, jamás me ha gustado esa etiqueta. Todo movimiento, grupo, partido, programa, filosofía o teoría que pretenda ser «Nuevo» no hace más que pedir guerra. El carro de la basura de la historia está lleno de ejemplos: el Nuevo Humanismo, la Nueva Poesía, la Nueva Crítica, el Nuevo Conservadurismo, la Nueva Frontera, il Stilo Novo... El Mundo de Mañana... Sin embargo, la etiqueta de «Nuevo Periodismo» acabó por pegar. No era un «movimiento». Carecía de manifiestos, clubs, salones, camarillas; ni siquiera disponía de un café donde se reunieran los fieles, desde el momento en que no existía credo ni fe. En la época, mediados los años sesenta, uno solo se daba cuenta de que por arte de magia existía una cierta agitación artística en el periodismo, y de que este hecho resultaba nuevo en sí mismo.

Ignoro cuál podía ser la historia de aquello, si es que la había. Entonces la perspectiva histórica no me interesaba. Lo único que sabía es lo que unos cuantos escritores estaban consiguiendo en *Esquire*, Thomas B. Morgan, Brock Brower, Terry Southern y, sobre todo, Gay Talese... incluso un par de novelistas estaban metidos en aquello, Norman Mailer y James Baldwin, que escribían artículos para *Esquire*... y, naturalmente, los colaboradores de mi suplemento dominical, *New York*, principalmente Breslin, pero también Robert Christgau, Doon Arbus, Gail Sheehy, Tom Gallagher, Robert Benton y David Newman. Yo fabricaba artículos tan deprisa como podía y estaba pendiente de los hallazgos que esta gente conseguía hacer. Yo me hallaba completamente envuelto por esa pequeña agitación que se estaba produciendo. Era un pequeño grupo muy compacto. Como resultado, jamás tuve la más mínima idea de que eso pudiese tener algún impacto en el mundo literario o, en cuanto a eso, cualquier otra esfera más allá del pequeño mundo del periodismo de reportaje. Debí tener un poco más de vista, sin embargo. Hacia 1966 el Nuevo Periodismo había cobrado ya su tributo literario y al contado: esto es, amargura, envidia y resentimiento. Tal estado de espíritu estalló durante un curioso episodio conocido como «el caso del *New Yorker*». En abril de 1965, en *New York*, el suplemento dominical del *Herald Tribune*, yo había hecho lo que creí una alegre burla de la revista *The New Yorker* en un artículo de dos partes titulado: «¡Pequeñas Momias! La Verdadera Historia del Soberano de la Tierra de los Muertos Vivientes de la Calle 43». Un gran número cómico y *sportif*, ustedes ya me entienden. El caso es que provocó un cabreo de mil demonios. En lo más recio del mismo los «coroneles» tanto del Periodismo como de la Literatura lanzaron su primer ataque contra esa execrable chusma vulgar infiltrada en sus filas, esos escritores de revistas que practicaban esa abominable fórmula nueva...

Los ataques más insistentes vinieron de dos publicaciones relativamente nuevas pero eminentemente conservadoras. Uno fue montado por el que era ya el más importante órgano del periodismo tradicional en los Estados Unidos, el *Columbia Journalism Review*, y el otro por el órgano principal de los ensayistas literarios veteranos y «hombres de letras» norteamericanos, *The New York Review of Books*. Ambos ofrecían listas de «errores» de mi artículo sobre *The New Yorker*, listas[1] maravillosas, tan misteriosas y des-

---

1. Preparadas, en ambos casos, por elementos del cuerpo de redacción de *The New Yorker*, si es que hace falta decirlo. *(N. del A.)*

concertantes como la factura de una operación de cirugía estética, a través de las cuales concluían que ahí estaba ese abominable género nuevo, esa «forma bastarda», ese «Paraperiodismo», una condecoración que no solo me colgaron a mí y a *New York* y a todos sus trabajos, sino también a Breslin, Talese, Dick Schaap y, por lo que ellos imaginaban, a *Esquire*.[1] Acéptese las listas o no, la estrategia en sí era reveladora. Mi artículo sobre *The New Yorker* no era siquiera un ejemplo del nuevo género; no usaba ni técnicas de reportaje ni técnicas literarias; bajo unas cuantas gotas de sangre al estilo *Police Gazette*, no era más que una crítica tradicional, un alfilerazo, un ataque, un «ensayo» de la vieja escuela. Poco o nada tenía que ver con lo que yo había escrito antes. Y desde luego no tenía nada que ver con la obra de ningún escritor. Aun así, creo que el furor de aquellos periodistas y literatos era sincero. Creo que tras considerar el trabajo que una docena de escritores o así, Breslin, Talese, y yo mismo entre ellos, estaban haciendo para *New York* y *Esquire*, se sentían confundidos, ofuscados... Esto *no* puede estar bien... Esa gente hacía trampas, adornaba las cosas, inventaba el diálogo... Dios mío, tal vez habían inventado escenas enteras, los mentirosos sin escrúpulos (Se lo digo yo, árbitro, esa jugada es *ilegal*). Necesitaban creer, en suma, que esta nueva forma no era legítima... era una «forma bastarda».

El trastorno de los profesionales del periodismo no constituía ningún misterio. Eran poco más que simples practicones que se resistían a la innovación. Para el director medio de un periódico un concurso de acertijos con premio significaba el colmo de la no-

1. El primero de los dos artículos de *The New York Review of Books* sobre el «Paraperiodismo» (agosto, 1965) afirmaba: «El género se inició en *Esquire*, pero ahora se manifiesta de una forma más conspicua en el suplemento *New York* del *Herald Tribune*»... «Dick Schaap es uno de los paraperiodistas del *Tribune*»... «Otro es Jimmy Breslin... el bardo de temple-de-hierro-y-corazón-de-latón que canta al hombre de la calle y a la gran celebridad»... Más adelante el artículo hablaba de «Gay Talese, un discípulo de *Esquire* que ahora practica el paraperiodismo en *The Times*, de una manera más digna, naturalmente»... «Pero el rey de la nueva moda es, naturalmente, Tom Wolfe, un discípulo de *Esquire* que colabora principalmente en el suplemento dominical del *Tribune*, *New York*, que está a cargo de un exdirector de *Esquire*, Clay Felker...» *(N. del T.)*

vedad. La oposición literaria, no obstante, era más compleja. Mirando ahora hacia atrás, está claro que lo que sucedió fue lo siguiente: la repentina aparición de este nuevo estilo de periodismo, sin raíces ni tradiciones, había provocado un pánico en el escalafón de la comunidad literaria. Durante todo el siglo XX los literatos se habían habituado a un escalafón de estructura muy estable y aparentemente eterna. Era algo así como una estructura de clase según el modelo del siglo XVIII, en la cual uno podía competir únicamente con gente de su misma categoría. La clase literaria más elevada la constituían los novelistas; el comediógrafo ocasional o el poeta podían pertenecer a ella, pero antes que nada estaban los novelistas. Se los consideraba como los únicos escritores «creativos», los únicos artistas de la literatura. Tenían el acceso exclusivo al alma del hombre, las emociones profundas, los misterios eternos, y así sucesivamente y etcétera. La clase media la constituían los «hombres de letras», los ensayistas literarios, los críticos más autorizados; también podían pertenecer a ella el biógrafo ocasional, el historiador o el científico con aficiones cosmológicas, pero antes que nada estaban los hombres de letras. Su provincia era el análisis, la «intuición», el ejercicio del intelecto. No se hallaban al mismo nivel que los novelistas, cosa que sabían muy bien, pero eran los prácticos que imperaban en la navegación de la literatura de no-ficción... La clase inferior la constituían los periodistas, y se hallaban a un nivel tan bajo de la estructura que apenas si se percibía su existencia. Se los consideraba principalmente como operarios pagados al día que extraían pedazos de información bruta para mejor uso de escritores de mayor «sensibilidad». En cuanto a los que escribían para las revistas populares y los suplementos dominicales, los llamados escritores independientes... a excepción de unos pocos colaboradores del *The New Yorker*, ni siquiera formaban parte del escalafón. Eran el lumpemproletariado.

Y de improviso, mediados los años sesenta, he aquí que surge una horda de miembros de ese lumpemproletariado, nada menos, una horda de escritores de revistas baratas y suplementos dominicales, sin credenciales literarios de ninguna clase en la mayoría de los casos –solo que emplean todas las técnicas de los novelistas, hasta las más sofisticadas– y por si esto fuera poco se nutren de las intuiciones de los hombres de letras mientras están en ello. ... y al mismo tiempo continúan practicando su sórdido trabajo errante de cada día, «escarbando», atropellando, recogiendo abominable material de ese que solo se divulga en los vestuarios de caballeros –y asumen *todos* estos papeles al mismo tiempo–; en otras palabras, se permiten ignorar las categorías literarias que han estado forjándose durante casi un siglo.

El pánico se propagó primero entre los hombres de letras. Si las hordas de lumpemproletarios se salían con la suya, si su nueva forma conquistaba algún tipo de respetabilidad literaria, si de algún modo se los aceptaba como «creadores», los hombres de letras se verían despojados hasta de su puesto de prácticos imperantes en la navegación de la literatura de no-ficción. Darían con sus huesos en la Clase Media Baja (apéndice 4). Esto empezaba a suceder ya. La primera indicación que tuve me llegó por un artículo del número de junio de 1966 de *Atlantic*, escrito por Dan Wakefield, titulado «La Voz Personal y el Ojo Impersonal». El quid del artículo radicaba en que este era el primer período que se recordaba en el que los componentes del mundo literario empezaban a hablar de la no-ficción como de una forma literaria seria. Norman Podhoretz ya había publicado otro trabajo en *Harper's*, en 1958, reclamando una categoría similar para la «prosa discursiva» de finales de los años cincuenta, para los ensayos de gente como James Baldwin e Isaac Rosenfeld. Pero la conmoción a que Wakefield se refería no tenía nada que ver con el ensayo ni con ninguna otra forma tradicional de no-ficción. Todo lo contrario; Wakefield atribuía el flamante fulgor de la no-ficción a dos libros de especie enteramente distinta: *A sangre fría*, de Truman Capote, y a una recopilación de artículos de revista con un título hecho de un pentámetro trocaico aliterado, del que de seguro me acordaría a poco que me empeñase.[1]

La historia contada por Capote de la vida y la muerte de dos vagabundos que exterminaron a una acomodada familia de granjeros de Kansas apareció en forma seriada en *The New Yorker* en otoño de 1965 y se publicó como libro en febrero de 1966. Causó

---

1. Modesta alusión al primer libro de T. W.

sensación... y fue un golpe terrible para todos aquellos que confiaban en que el execrable Nuevo Periodismo o Paraperiodismo se extinguiese por sí solo como una bengala. No se trataba, a fin de cuentas, de algún oscuro periodista, de algún escritor independiente, sino de un novelista de larga reputación... cuya carrera había caído en el marasmo... y que de repente, con este golpe certero, con este giro hacia la abominable nueva forma de periodismo, no solo había resucitado su prestigio sino que lo había hecho aún mayor que antes... y se había convertido en una celebridad de la más sorprendente magnitud en el negocio. Gente de todas clases leía *A sangre fría*, gente cuyo gusto era de todos los niveles. Todos se quedaban absortos con el libro. El propio Capote no lo llamó periodismo; muy al contrario; afirmó que había inventado un nuevo género literario, «la novela de no-ficción». A pesar de eso, su éxito dio al Nuevo Periodismo, como pronto se le llamaría, un impulso arrollador.

Capote se pasó cinco años reconstruyendo la historia y entrevistándose con los asesinos en la prisión y todo eso, un trabajo muy meticuloso e impresionante. Pero en 1966 empezaron a verse proezas en el campo del reportaje que resultaban extraordinarias, espectaculares (apéndice 6). Había surgido una casta de periodistas que de un modo u otro poseían el coraje de hablar a su manera metidos en cualquier ambiente, incluso sociedades cerradas, y salir con vida del empeño. Un maniático maravilloso llamado John Sack convenció al Ejército de que le permitiesen incorporarse a una compañía de infantería en Fort Dix, la Compañía M, de la Primera Brigada de Entrenamiento Acelerado de Infantería –no en calidad de recluta sino de reportero– y pasar el entrenamiento con ella, para luego seguirla al Vietnam y a la primera línea de combate. El resultado fue un libro titulado *M* (que apareció en *Esquire*), un *Catch-22* de no-ficción y que, para mí, sigue siendo el mejor libro de cualquier género publicado sobre la guerra. George Plimpton acompañó en sus entrenamientos a un equipo profesional de fútbol americano, los Detroit Lions, en calidad de reportero que jugaba como aprendiz de cuarta base, vivía con los jugadores, y compartía los ejercicios, para finalmente jugar con ellos como cuarta base en un partido antes de temporada... con el objeto de escribir *Paper Lion*. Al igual que el libro de Capote, *Paper Lion* fue leído por personas cuyo gusto era de todos los niveles y resultó el trabajo sobre el deporte de mayor impacto literario desde los relatos de Ring Lardner.

Pero el Premio Cojones de Hierro para escritores independientes a jornada completa correspondió aquel año a un oscuro periodista de California llamado Hunter Thompson, que «rodó» con los Ángeles del Infierno durante dieciocho meses –como reportero y no como miembro, lo que habría resultado más seguro– con el objeto de escribir *Los Ángeles del Infierno: la extraña y terrible saga de la banda de los motociclistas proscritos*. Los Ángeles escribieron el último capítulo por él al dejarle medio muerto a golpes en un parador a cincuenta millas de Santa Rosa. A lo largo de todo el libro Thompson había estado buscando el ángulo psicológico o sociológico simple que le permitiese resumir todo lo que había visto, el simple y áureo *aperçu*; y mientras estaba allí tumbado en el suelo escupiendo sangre y dientes, la frase que perseguía le llegó como un relámpago desde el corazón de las tinieblas: «¡Exterminad a todos los brutos!».

Por la misma época, 1966 y 1967, Joan Didion estaba escribiendo aquellos extraños artículos góticos suyos, que finalmente se recopilaron en *Tambaleándose hacia Bethlehem*. Rex Reed estaba escribiendo sus entrevistas con celebridades... constituían un viejo ejercicio periodístico, desde luego, pero nadie se había planteado nunca con tanta aplicación la pregunta de «¿Cómo es Eso-y-Aquello *realmente*?» (Simone Signoret, por lo que recuerdo, resultaba que tenía el cuello, los hombros y la parte superior de la espalda como los de un beisbolista.) James Mills estaba llevando a cabo algunas hazañas periodísticas por su cuenta para *Life* en artículos como «El Pánico en Needle Park», «El Detective» y «El Fiscal». El equipo escritor-reportero formado por Garry Wills y Ovid Demaris estaba realizando una serie de brillantes artículos para *Esquire*, que culminaron con «Todos me conocen: ¡soy Jack Ruby!».

Y después, en los comienzos de 1968, otro novelista se pasó a la no-ficción, y con un éxito que a su manera fue tan espectacular como dos años antes el de Capote. Se trataba de Norman Mailer y de su relato de una demostración antibélica en la que se había visto envuelto, «Los peldaños del Pentágono». Las memorias, o autobiografía (apéndice 3), son un viejo género de no-ficción, desde luego, pero este trabajo se escribió estando lo bastante cerca del acontecimiento como para poseer un impacto periodístico. Ocupó un número entero de *Harper's Magazine*, y apareció unos meses más tarde como libro bajo el título de *Los ejércitos de la noche*. Al contrario que el libro de Capote, el de Mailer no consiguió el éxito popular; pero dentro de la comunidad literaria y entre los intelectuales en general no pudo ser un más tremendo *succès d'estime*. Por aquella época la reputación de Mailer se había ido deteriorando a merced de dos novelas ineptas tituladas *Un sueño americano* (1965) y *¿Por qué estamos en Vietnam?* (1967). Se le empezaba a considerar con cierta condescendencia como periodista, en cuanto que sus escritos de no-ficción, principalmente para *Esquire*, eran evidentemente lo mejor que hacía. *Los ejércitos de la noche* puso fin a esto en un abrir y cerrar de ojos. Igual que Capote, Mailer estaba aterrado por la etiqueta que le habían puesto –«periodista»– y había subtitulado su libro «La novela como historia; historia como la novela». Pero en el mundo literario nadie pasaría por alto la lección. Ahí estaba otro novelista que se había pasado a una forma execrable de periodismo, no importa el nombre que quiera dársele, y que no solo había reavivado su reputación, sino que la había aumentado hasta un punto como nunca en su vida.

Hacia 1969 no existía nadie en el mundo literario que se permitiese desechar llanamente el Nuevo Periodismo como un género literario inferior. La situación era similar en cierto modo a la situación de la novela en Inglaterra a partir de 1850. Aún no se lo había canonizado, santificado, ni dado una teología, pero los propios escritores experimentaban ya las emanaciones del nuevo Poder.

La semejanza entre los primeros tiempos de la novela y los primeros tiempos del Nuevo Periodismo no es una simple coincidencia (apéndice 1). En ambos casos nos hallamos ante el mismo proceso. Nos hallamos ante un grupo de escritores que se dan a conocer, que trabajan un género considerado como Clase Baja (la novela antes de 1850, el periodismo en revistas populares antes de 1960), que descubren las alegrías del realismo detallado y sus extraños poderes. Algunos de ellos parecen haberse enamorado del realismo por el realismo mismo; y no se preocupan del «llamamiento sagrado» de la literatura. Parecen estar diciendo: «¡Eh! ¡Venid aquí! ¡Así es como vive ahora la gente, justo de la manera que os voy a mostrar! Os podrá sorprender, disgustar, complacer, provocar vuestro desprecio o haceros reír... No obstante, ¡Así es como es! ¡Somos *buena* gente nosotros! ¡No os aburriréis! ¡Echad un vistazo!». No hace falta decir que esta no es exactamente la forma en que los novelistas serios contemplan hoy la función de la novela. En esta década de los setenta, La Novela celebrará el cien aniversario de su canonización como *el* género eclesiástico. Los novelistas actuales continúan empleando términos como «mito», «fábula» y «magia» (apéndice 2). Ese concepto peculiar conocido como «el sagrado ministerio del novelista» tuvo su origen en Europa a partir de 1870 y no se asentó en el mundo literario norteamericano hasta después de la Segunda Guerra Mundial. Pero no tardó en recuperar el tiempo perdido. ¿Qué tipo de novela debe escribir un ministro sagrado? En 1948, Lionel Trilling apuntó la teoría de que la novela de realismo social (que había florecido en Norteamérica a lo largo de los años treinta) estaba acabada porque el tren de carga de la historia la había pasado de largo. El argumento consistía en que tales novelas eran un producto de la ascensión de la burguesía en el siglo XIX a la cumbre del capitalismo. Pero ahora la sociedad burguesa se estaba fragmentando, desintegrando. Un novelista ya no puede retratar una parte de esa sociedad en la confianza de captar el *Zeitgeist*; todo lo que le quedaría es una de las piezas rotas. La única esperanza radicaba en una nueva clase de novela (la novela de ideas era su candidata). Esta teoría prendió entre los jóvenes novelistas con una fuerza sorprendente. Carreras enteras resultaron alteradas. Todos aquellos escritores cobijados en los pubs literarios de Nueva York, como la White Horse Tavern, se precipitaron a escribir novelas de todas las clases que quepa imaginar, con tal de que no fuese la llamada «gran novela» de costumbres y sociedad. Lo siguiente que se supo es que se metieron en novelas de ideas, novelas freudianas, novelas surrealistas («comedia negra»), novelas kafkianas y, más recientemente, la novela catatónica o novela de la inmovilidad, del tipo que arranca así: «Con el fin de tomar la delantera, se fue a vivir solo a una isla y se pegó un tiro». (Frase inicial de un relato de Robert Coover.)

Como resultado, en los años sesenta, por la época en que fui a Nueva York, los novelistas más serios, ambiciosos y, presumiblemente, de mayor talento habían abandonado el campo más fértil de la novela: esto es, la sociedad, el fresco social, las costumbres y las éticas, todo el conjunto de «cómo vivimos ahora», según la frase de Trollope (apéndice 2). No existe el novelista que será recordado como el novelista que captó el espíritu de los años sesenta en Norteamérica, o siquiera en Nueva York, en el mismo sentido que Thackeray fue el cronista del Londres de 1840 y Balzac el cronista de París y de Francia entera tras la caída del Imperio. Balzac se enorgullecía de ser «el secretario de la sociedad francesa». Los novelistas norteamericanos más serios se abrirían las venas antes que ser conocidos como «el secretario de la sociedad norteamericana», y no simplemente por causa de consideraciones ideológicas. Con fábulas, mitos y ministerios sagrados en que pensar, ¿quién desearía un papel tan servil?

Eso resultó maravilloso para los periodistas... se lo puedo asegurar. Los años sesenta constituyeron una de las más extraordinarias décadas en la historia de Norteamérica en lo que a costumbres y éticas se refiere. Las costumbres y las éticas *hicieron* la historia de los sesenta. Dentro de un siglo, cuando los historiadores escriban sobre los años sesenta en Norteamérica (suponiendo siempre, si parafraseamos a Céline, que a los chinos les importe algo la historia norteamericana), no escribirán sobre ellos como la década de la guerra del Vietnam, o de la exploración del espacio, o del asesinato político... sino como la década en que las costumbres y las éticas, las maneras de vivir, las actitudes hacia el mundo, cambiaron el país de modo más crucial que ninguno de los acontecimientos políticos... todos los cambios que se clasificaron, y tan tontamente, con etiquetas como «el hueco generacional», «la contracultura», «la conciencia negra», «la permisividad sexual», «la muerte de Dios»... El abandono de normas, creencias, apariencias supuestas como «capital sólido», «dinero rápido», la revolución *swinger groovy* hippie marginado pop Beatles Andy Baby Jane Bernie Huey Eldridge LSD concierto-monstruo droga underground... A todo este lado de la vida norteamericana que se manifestó impetuosamente cuando a la opulencia norteamericana de la posguerra le saltó la válvula de seguridad –a todo ello los novelistas sencillamente le volvieron la espalda, renunciaron por negligencia–. Esto dejó un inmenso hueco en las letras americanas, un hueco lo bastante grande como para cobijar a un juguete tan desgarbado como el Nuevo Periodismo.

Cuando llegué a Nueva York a principios de los años sesenta, no pude dar crédito al espectáculo que se abría ante mí. Nueva York era un pandemónium con una sonrisa burlona puesta. Para los tipos con dinero –y parecían multiplicarse como conejos– era la época más desatada, más insensata que se había conocido desde los años veinte... Un universo de gordinflones y gordinflonas peripuestos y melosos de cuarenta y cinco años con ojos como cáscaras de nuez que se les iban delante de los pasteles de menudillos, que llevaban fajas y minifaldas y pestañas Little Egypt y patillas y botas y campanitas y pulseras del amor, que bailaban el Watusi y el Funky Broadway y se agitaban y hacían muecas y sudaban y sudaban y hacían muecas y se agitaban hasta las primeras luces del alba o la completa deshidratación, lo que llegase primero... Era un carnaval abrumador. Pero lo que realmente me maravilló es que, como escritor, lo tenía prácticamente todo para mí. Tan deprisa como permitían mis posibilidades, yo iba fabricando artículos sobre este pasmoso espectáculo que yo veía burbujear y vociferar ante mis ojos maravillados –¡Nueva York!– y todo este tiempo yo sabía que algún novelista emprendedor no tardaría en aparecer para *pintar* toda esta maravillosa escena de un solo trazo gigantesco, atrevido, definitivo. Estaba tan preparado, tan *maduro*, como si hiciera señas... pero nunca llegó a ocurrir. Para mi gran asombro Nueva York permaneció sencillamente como la mina de oro del periodista. El caso es que los novelistas parecían retroceder ante la vida de las grandes ciudades en su totalidad. El pensamiento de tener que habérselas con semejante tema parecía aterrarles, confundirles, hacerles dudar de sus propias facultades. Y además, esto habría significado tener que medírselas con el realismo social, por añadidura.

Para mi todavía mayor asombro, tuve la misma experiencia cuando descubrí la California de los años sesenta. Era la auténtica incubadora de los nuevos estilos de vivir, y esos estilos estaban justo allí para que todos los vieran, al alcance de cada globo ocular... y una vez más unos cuantos periodistas sorprendidos que cultivaban la nueva fórmula lo tenían todo para ellos, hasta el movimiento psicodélico, cuyas ondas se perciben aún en todos los confines del país, como el latido intergaláctico. Escribí *The Electric Kool-Aid Test* y aguardé luego las novelas que estaba convencido caerían de la experiencia psicodélica... pero tampoco llegaron nunca. Supe más tarde que los editores las habían estado esperando también. De hecho habían estado pidiendo a gritos novelas de los nuevos escritores que debían de andar por alguna parte, los nuevos escritores que harían las grandes novelas de la vida de los hippies o la vida en los campus o los movimientos radicales o la guerra del Vietnam o la droga o el sexo o los militantes negros o los grupos de encuentro[1] o toda esa vorágine a la vez. Esperaron, pero todo lo que obtuvieron fue el Príncipe de la Alienación... haciéndose a la mar con rumbo a Isla de la Soledad en su buque Tarot vuelto de espaldas con su capa de Eternidad puesta, apestando a bolas de alcanfor.

Pasmoso, como ya digo. Ya que nada más se había hecho, esto quedaría. Los Nuevos Periodistas –paraperiodistas– tenían todos los años sesenta locos de Norteamérica, obscenos, tumultuosos, mau-mau, empapados en droga, rezumantes de concupiscencia, para ellos solos.

De esta forma los novelistas fueron tan amables como para dejarles a nuestros muchachos un pequeño y bonito cuerpo de material: el conjunto de la sociedad norteamericana, en realidad. Solo quedaba por ver si los escritores de revistas eran capaces de dominar las técnicas, en no-ficción, que habían dado a la novela de realismo social tanta fuerza. Y aquí nos encontramos con un excelente ejemplo de ironía. Al abandonar el realismo social los escritores abandonaron ciertas cuestiones vitales de técnica. Como resultado, hacia 1969 era obvio que esos escritores de revista –¡esos mismos,

---

1. Denominación que se aplica a sesiones de terapia de grupo, cuya particularidad reside en que son intensivas y recurren a las más variadas técnicas: masaje, psicodrama, etc.

los del lumpemproletariado!– habían alcanzado también una ventaja técnica sobre los novelistas. Era prodigioso. Que los periodistas les arrebatasen la Técnica a los novelistas... en cierto modo me recordaba la vieja exhortación de Edmund Wilson a principios de los años treinta: Arrebatemos el comunismo a los comunistas.

Si se sigue de cerca el progreso del Nuevo Periodismo a lo largo de los años sesenta, se observará un hecho interesante. Se observará que los periodistas aprenden las técnicas del realismo –particularmente las que se encuentran en Fielding, Smollett, Balzac, Dickens y Gógol– a base de improvisación. A base de tanteo, de «instinto» más que de teoría, los periodistas comenzaron a descubrir los procedimientos que conferían a la novela realista su fuerza única, variadamente conocida como «inmediatez», como «realidad concreta», como «comunicación emotiva», así como su capacidad para «apasionar» o «absorber».

Esta fuerza extraordinaria se derivaba principalmente de solo cuatro procedimientos, según descubrieron. El fundamental era la construcción escena por escena, contando la historia saltando de una escena a otra y recurriendo lo menos posible a la mera narración histórica. De aquí parten las proezas a veces extraordinarias para conseguir su material que emprendieron los nuevos periodistas: para ser efectivamente testigos de escenas de la vida de otras personas a medida que se producían... y registrar el diálogo en su totalidad, lo que constituía el procedimiento N.° 2. Los escritores de revistas, como los primeros novelistas, aprendieron a base de tanteo algo que desde entonces ha sido demostrado en los estudios académicos: esto es, que el diálogo realista capta al lector de forma más completa que cualquier otro procedimiento individual. Al mismo tiempo afirma y sitúa al personaje con mayor rapidez y eficacia que cualquier otro procedimiento individual. (Dickens sabe fijar un personaje en tu mente de tal modo que tienes la sensación de que ha descrito cada pulgada de su apariencia... solo que al volver atrás descubres que de hecho se ha ocupado de la descripción física en dos o tres frases; el resto lo ha conseguido con diálogo.) Los periodistas estaban trabajando con el diálogo como totalidad, con un carácter definitivamente revelador, en el preciso instante en que los novelistas lo reducían, empleando el diálogo de las maneras más crípticas, mortecinas y curiosamente abstractas.

El tercer procedimiento era el por llamarlo así «punto de vista en tercera persona», la técnica de presentar cada escena al lector a través de los ojos de un personaje particular, para dar al lector la sensación de estar metido en la piel del personaje y de experimentar la realidad emotiva de la escena tal como él la está experimentando. Los periodistas habían empleado con frecuencia el punto de vista en primera persona –«Yo estaba allí»– igual que habían hecho autobiógrafos, memorialistas y novelistas (apéndice 3). Esto significa una grave limitación para el periodista, sin embargo, ya que solo puede meter al lector en la piel de un único personaje –él mismo–, un punto de vista que a menudo se revela ajeno a la narración e irritante para el lector. Según esto, ¿cómo puede un periodista, que escribe no-ficción, penetrar con exactitud en los pensamientos de otra persona?

La respuesta se reveló maravillosamente simple: entrevistarle sobre sus pensamientos y emociones junto con todo lo demás. Esto es lo que yo había hecho en *The Electric Kool-Aid Test*, lo que John Sack hizo en *M* y lo que Gay Talese hizo en *Honor Thy Father*.

El cuarto procedimiento ha sido siempre el que menos se ha comprendido. Consiste en la relación de gestos cotidianos, hábitos, modales, costumbres, estilos de mobiliario, de vestir, de decoración, estilos de viajar, de comer, de llevar la casa, modos de comportamiento frente a niños, criados, superiores, inferiores, iguales, además de las diversas apariencias, miradas, pases, estilos de andar y otros detalles simbólicos que pueden existir en el interior de una escena. ¿Simbólicos de qué? Simbólicos, en términos generales, del *status de la vida* de las personas, empleando este término en el sentido amplio del esquema completo de comportamiento y bienes a través del cual las personas expresan su posición en el mundo, o la que creen ocupar, o la que confían en alcanzar. La relación de tales detalles no es meramente un modo de adornar la prosa. Se halla tan cerca del núcleo de la fuerza del realismo como cualquier otro procedimiento en la literatura. En él radica la esencia misma de la capacidad para «absorber» de Balzac, por ejemplo. Balzac apenas recurría al punto de vista en el sentido de refinamiento con que

Henry James lo empleó más tarde. Y sin embargo el lector termina con la sensación de que ha estado aún más completamente «dentro» de los personajes de Balzac que de los de James. ¿Por qué? Esto es lo que Balzac hacía continuamente. Antes de presentarte personalmente a Monsieur y Madame Marneffe (en *La prima Bette*), te hace entrar en su gabinete de dibujo y lleva a cabo una autopsia social: «En el salón, los muebles recubiertos de pana marchita, las estatuillas de yeso imitando al bronce florentino, la araña de cristal mal tallado, con arandelas de vidrio fundido; la alfombra cuyo bajo precio se explicaba tardíamente por la cantidad de algodón introducida por el fabricante, ahora perceptible a simple vista, todo hasta las cortinas os hubiesen revelado que el damasco de lana apenas tiene tres años de esplendor...». Todo lo que hay en el gabinete transparenta las vidas de un par de mezquinos trepadores sociales, Monsieur y Madame Marneffe. Balzac acumula estos detalles tan implacablemente y al mismo tiempo con tanta meticulosidad –difícilmente habrá un detalle en el Balzac de la última época que no arroje luz sobre peculiaridades de *status*– que dispara los recuerdos del lector sobre su propio *status*, sus propias ambiciones, inseguridades, deleites, desastres, además de las mil y una humillaciones y golpes que su condición recibe en la vida cotidiana, y los dispara una y otra vez hasta que crea una atmósfera tan rica y absorbente como el punto de vista que emplea Joyce.

Me fascina el hecho de que los experimentos de la fisiología cerebral, hasta ahora la gran *terra incognita* de las ciencias, parezcan tender a la teoría de que la mente humana o psique no posee una existencia interna, discreta. No es una propiedad que está cerrada en el cráneo de uno. Durante cada momento de la conciencia está ligada tanto a claves externas como al *status* de uno en un sentido social y no meramente físico y no se puede desarrollar ni sobrevivir sin ellas. Si esto resulta cierto, puede explicar por qué novelistas tales como Balzac, Gógol, Dickens y Dostoyevski eran capaces de ser tan «envolventes» sin emplear el punto de vista con la sofisticación de Flaubert, o James, o Joyce (apéndice 5).

Nunca he oído a un periodista que hablase de exponer el *status* de alguna forma indicativa de que hubiera pensado siquiera en ella como procedimiento aparte. Es sencillamente algo hacia lo que han gravitado los periodistas que cultivan la nueva forma. Esa ambición más bien elemental y gozosa de mostrar al lector la *vida real* –¡Venid aquí! ¡Mirad! ¡Así es como vive la gente en estos días! ¡Estas son las cosas que hacen!– tiende a ello de forma espontánea. En cualquier caso, el resultado es el mismo. Mientras tantos novelistas abandonan la tarea enteramente –y al mismo tiempo renuncian a dos terceras partes de la fuerza del diálogo–, los periodistas continúan experimentando con todos los procedimientos del realismo, renovándolos, intentando emplearlos de forma más ambiciosa, con la pasión total de los inocentes y los descubridores.

Su inocencia les ha conservado libres. Hasta los novelistas que han experimentado la nueva forma... se han relajado de improviso para entregarse a prohibidos deleites. Si quieren permitirse el placer de una retórica victoriana o un humphreyclinkerismo del género como «En este punto el lector atento se preguntará cómo nuestro héroe podría posiblemente...», pues prosiguen y lo hacen, como Mailer lo hace en *Los ejércitos de la noche* con considerable encanto. En este nuevo periodismo no existen reglas sacerdotales; en cualquier caso todavía no... Si el periodista quiere saltar del punto de vista en tercera persona a otro en primera persona dentro de la misma escena, o dentro y fuera del punto de vista de diferentes personajes, o incluso de la voz omnisciente del narrador al monólogo interior de otra persona –como ocurre en *The Electric Kool-Aid Test*– lo hace. Para los bárbaros glotones solo existe con relación a la técnica la ley del proscrito: arrebatar, usar, improvisar. El resultado es una forma que no es simplemente *igual que una novela*. Consume procedimientos que da la casualidad que se han originado con la novela y los mezcla con todo otro procedimiento conocido de la prosa. Y constantemente, más allá por completo de las cuestiones de técnica, se beneficia de una ventaja tan obvia, tan firme, que uno casi olvida la fuerza que posee: el simple hecho de que el lector sabe que *todo esto ha sucedido realmente*. Las contradicciones han sido borradas. La pantalla ha desaparecido. El escritor se halla un paso más cerca del total envolvimiento del lector, que Henry James y James Joyce soñaron pero nunca consumaron.

Llegado a este punto, como he comprobado ya, el estudioso en literatura tiende a objetar: Suponiendo que le acepte esto, ¿qué ocurre con los logros *más altos* de los grandes escritores de ficción? No ha hablado siquiera de la creación de personajes, mucho menos de materias tales como la profundidad psicológica, el sentido de la historia, la lucha de ideas, la conciencia moral del hombre, los grandes *temas* de la Literatura Inglesa, en una palabra.

A lo cual yo respondería: Estoy hablando de técnica; en cuanto a lo demás, de los personajes a la conciencia moral (o todo lo que pueda ser), depende de la experiencia y el intelecto del escritor, sus intuiciones, la calidad de sus emociones, su habilidad para ver dentro de los demás, su «genio», por emplear el término de costumbre... y así continúa siendo tanto si cultiva la ficción como el periodismo. Mi argumento es que el genio de todo escritor –tanto en ficción como en no-ficción, otra vez– se verá gravemente coartado si no puede dominar, o si abandona, las técnicas del realismo. La fuerza psicológica, moral, filosófica, emotiva, poética, visionaria (se puede suplir el adjetivo según sea menester) de Dickens, Dostoyevski, Joyce, Mann, Faulkner, se ha hecho posible únicamente por el hecho de que primero conectaron su obra al circuito principal, que es el realismo.

Los novelistas han cometido un desastroso error de cálculo en lo que se refiere a la naturaleza del realismo durante los pasados veinte años. Su punto de vista sobre la cuestión lo ha resumido bastante bien el redactor-jefe de *Partisan Review*, William Phillips: «De hecho, el realismo es solo un procedimiento formal más, no un método permanente de considerar la experiencia». Sospecho que lo cierto es precisamente lo contrario. Si nuestros amigos los psicólogos del conocimiento llegan alguna vez a saberlo de fijo, pienso que nos dirán algo parecido a esto: la introducción del realismo en literatura por gente como Richardson, Fielding y Smollett fue como la introducción de la electricidad en la tecnología de la máquina. *No* fue solo otro procedimiento. Elevó la condición del arte a una nueva magnitud. Nadie se sintió jamás impulsado a derramar lágrimas ante el infeliz destino de los héroes y heroínas de Homero, Sófocles, Molière, Racine, Sydney, Spenser o Shakespeare. Pero hasta el impecable Lord Jeffrey, director de la *Edinburgh Review*, lloró –de hecho sollozó, hipó, plañó y suspiró– con la muerte de la pequeña Nell de Dickens en *Almacén de antigüedades*.

No es preciso admirar a Dickens ni a ninguno de los escritores que primero demostraron esta fuerza para valorar este punto. Para los escritores renunciar a esta fuerza única en pos de una categoría más sofisticada de ficción... es como si un ingeniero tratara de desarrollar una tecnología mecánica más sofisticada empezando por descartar el principio de la electricidad. En todo caso, los periodistas disfrutan ahora de una tremenda ventaja técnica. Poseen todo el combustible. Esto no significa que le hayan sacado el máximo partido posible. La obra realizada en periodismo en los últimos diez años supera fácilmente a la obra realizada en ficción, pero eso es decir muy poco. Todo cuanto se puede decir es que el material y las técnicas están al alcance, y que el momento es oportuno.

La crisis de escalafón que primero afectó a la clase media de la literatura, los ensayistas u «hombres de letras», afecta ahora a los propios novelistas. Algunos se han pasado inmediatamente a la no-ficción. Otros, tales como Gore Vidal, Herbert Gold, William Styron y Ronald Sukenick, han experimentado formas que se sustentan en un curioso terreno intermedio, en parte ficción y en parte no-ficción. Y otros han empezado a rendir homenaje al poder del Nuevo Periodismo poniendo a personas reales, con sus nombres reales, en situaciones ficticias... Todos las están pasando moradas... Con esto no pretendo decir que la novela ha muerto. Es la clase de comentario que nunca quiere decir gran cosa. Son únicamente las modas que prevalecían entre los novelistas las que se han extinguido. Creo que existe un tremendo futuro para un tipo de novela que se llamará la novela periodística o tal vez la novela documento, novelas de intenso realismo social que se sustentarán en el concienzudo esfuerzo de información que forma parte del Nuevo Periodismo. No veo motivo para que los novelistas que desprecian la obra de Arthur Hailey no puedan llevar a cabo el mismo trabajo de información e investigación que él hace... y escribirlo mejor, si son capaces. Existen ciertas zonas de la vida dentro de las que el periodismo no puede moverse con soltura, particularmente por razones de invasión de la intimidad, y es dentro de este margen que la novela podrá desarrollarse en el futuro.

Cuando hablamos de «ascensión» o «muerte» de géneros literarios, nos estamos refiriendo principalmente a categorías. La novela ya no posee la categoría suprema que disfrutó durante noventa años (1875-1965), pero tampoco el Nuevo Periodismo la ha conquistado para sí. La posición del Nuevo Periodismo no está asegurada por ningún concepto. En algunos terrenos el desprecio que inspira carece de límites... hasta quita el aliento... Si no hay suerte, el nuevo género jamás será santificado, jamás será exaltado, jamás tendrá una teología. Probablemente yo no debería estar hablando como lo hago en este artículo. Lo único que pretendía decir al empezar era que el Nuevo Periodismo no puede ser ignorado por más tiempo en un sentido artístico. Del resto me retracto... Al diablo con eso... Dejemos que el caos reine... Más alta la música, más vino... Al diablo con las categorías... El travesaño superior es del primero que se agarre a él. Todas las viejas tradiciones han quedado exhaustas, y ninguna nueva se ha afirmado todavía. ¡Se anulan todas las apuestas!, ¡desaparecen las desigualdades!, ¡el baile está abierto a todos!... ¡todos los caballos están dopados!, ¡la pista es de vidrio!... y de tan glorioso caos puede surgir, de la fuente más inesperada, de la forma más inesperada, algunos nuevos y gruesos y bonitos Cohetes Titulares Periodísticos que inflamarán el cielo.

APÉNDICE

1. *La primitiva condición de la novela*

Cuando Truman Capote insistió en que *A sangre fría* no era periodismo, sino un nuevo género literario que había inventado, «la novela de no-ficción», un relámpago surcó mi mente. Era el familiar relámpago «¡Ajá!». En este caso: «¡Ajá! ¡El siempre hábil regate de Fielding!». Cuando Henry Fielding publicó su primera novela, *Joseph Andrews*, en 1742, estuvo alegando que su libro no era una novela: era un nuevo género literario que había inventado, «el poema épico cómico en prosa». Hizo la misma reivindicación con *Tom Jones*. Comparó su libro al *Margites*, que se suponía una epopeya cómica perdida de la antigua Grecia (obra de Homero, según algunos). Lo que estaba haciendo, naturalmente –y que haría Capote doscientos veintitrés años más tarde–, era intentar darle a su obra el sello del género literario imperante en su época, para que los profesionales de la literatura la tomasen en serio. El género imperante en la época de Fielding era la poesía épica y el drama en verso al modo clásico. La condición de la novela era tan baja... bueno, era tan baja como la condición del periodismo de revista en 1965 cuando Capote empezó a publicar *A sangre fría* en *The New Yorker*.

Gracias a ese «¡Ajá!» inicial, empecé a advertir un detalle curioso. Los primeros días de este nuevo periodismo empezaban a parecer un completo reprís de los primeros días de la novela realista en Inglaterra. Una rebanada de historia literaria se estaba repitiendo a sí misma. Y no hablo de repetición en el sentido vago de «nada nuevo hay bajo el sol». Hablo exactamente de repetición, *déjà-vu*, meticulosos detalles... Justo las mismas objeciones que saludaron a la novela en los siglos XVIII y XIX empezaban a saludar al Nuevo Periodismo. En ambos casos la nueva forma es considerada como «superficial», «efímera», «simple diversión», «moralmente irresponsable». Algunos de los argumentos eran tan similares que resultaba fantástico. Por ejemplo, un día tomo parte en un coloquio con una crítica, Pauline Kael, que afirma que uno de los peores defectos del Nuevo Periodismo radica en que «no es crítico». La mujer explica luego que simplemente «excita» a la gente y que «no se sabe qué actitud tomar como no sea sentirse excitado», lo cual considera moralmente enervante para los jóvenes, «porque de la misma manera que buscan películas que tengan intensidad y excitación, les gustan los textos que tienen intensidad y excitación. Pero eso no les ofrece ninguna base para evaluar la materia prima, y en último término significa sencillamente que los textos han de responder a todas las exigencias». Escucho esto y... de repente estoy oyendo a un crítico de hace más de un siglo, John Ruskin en persona, y que formula la objeción de que las *novelas* son moralmente enervantes, en especial para los jóvenes, a causa de su necia «excitación»: «No es la maldad de una novela lo que hemos de temer», está diciendo, «sino su sobrecargado interés... su excitación», que sencillamente «aumentan una sed mórbida» por más y más excitación.

Para reforzar tal actitud está el supuesto de que el deber de la literatura seria es el de proporcionar instrucción moral. Este concepto había florecido en el siglo XVII, cuando la literatura estaba considerada no como una mera forma artística sino como una rama de la religión o la ética, la rama que enseñaba mediante ejemplos en lugar de preceptos. La literatura debía «requerir el ejercicio del pensamiento», como declaró Coleridge más tarde en sus objeciones a la novela. Debía ser profunda, moralmente seria, cósmica, y no demasiado fácil de leer. Debía tratar sobre verdades eternas y personajes con grandeza y talla cuyas vidas le llevaran a uno más cerca de los fines serios, el alma del hombre y el significado íntimo de la vida. Igual que hoy el Nuevo Periodismo, las novelas –y en particular las novelas realistas de hombres como Fielding,

Sterne y Smollett (y más tarde Dickens y Balzac)– parecían fracasar en todos los test decisivos. Sus miras eran bajas («simple diversión»). Se interesaban por las costumbres («superficial») más que por las verdades y por el alma. Y resultaban tan abominablemente Vulgares... toda esa curiosidad mórbida por las vidas de lacayos, mozas de granja, posaderos, directores de music-hall, galanteadores y queridas y otras gentes que no tenían talla ni grandeza. El Dr. Johnson desechó las novelas de Fielding afirmando que sus personajes eran tan de la «vida vulgar», que se pensaría que el propio Fielding debe de ser un «palafrenero». Palafreneros eran los que limpiaban los establos, el máximo de vulgaridad de lo Vulgar.

No pude por menos de recordar esa afectada queja de dos siglos antes cuando empecé a oír que se tachaba al Nuevo Periodismo de «prosa chillona» (John Leonard, redactor-jefe del *The New York Times Book Review*) y «prosa apresurada sobre gentes ilógicas» (Renata Adler), gentes tales como pequeños burócratas, mafiosos, soldados en activo en el Vietnam, chulos, tramposos, porteros, tipos de la «alta», abogados trapisondistas, *surfers*, motociclistas, hippies y otros execrados representantes de la Juventud, evangelistas, atletas, «judíos arribistas» (Renata Adler otra vez), gentes que, en otras palabras, carecen de talla y de grandeza.

No tengo nada que objetar a que llamen «apresurado» o «chillón» al estilo de Nuevo Periodismo. Si estas parecen cualidades negativas, basta solo con que se intente imaginar sus contrarias. Pero no creo que nadie pueda apoyar la acusación de que el Nuevo Periodismo haya eludido la responsabilidad de «evaluar la materia prima». Todos los Nuevos Periodistas que he mencionado en este artículo dedican habitualmente una gran extensión (incluso excesiva en algunos casos) al análisis y la evaluación de su materia prima, aunque raras veces asumen un tono moralizante. Ninguno de ellos se limita a servir sencillamente «documentales». Ni puede pretenderse que han escrito únicamente sobre personajes o temas «ilógicos». La acusación es absurda, en cualquier caso; pero a fin de rebatirla en su propio terreno, basta únicamente con mencionar el libro de Talese sobre el *The New York Times* (*The Kingdom and the Power*), los libros de Mailer sobre las convenciones presidenciales y el vuelo a la Luna, el libro de Joe McGinniss sobre la campaña de Nixon de 1968 (*The Selling of a President*), el libro de «Adam Smith»[1] sobre Wall Street (*The Money Game*), los textos de Sack, Breslin y Michael Herr (*Khesanh*) sobre la guerra del Vietnam, el libro de Gail Sheehy sobre los Black Panthers (*Panthermania*), un libro sobre los enfrentamientos entre negros y blancos titulado *La Izquierda Exquisita & Mau-mauando al parachoques*,[2] los trabajos de Garry Wills sobre la Conferencia de Líderes Cristianos del Sur... de hecho, no recuerdo un tema o principio «lógico» (excepto posiblemente de carácter científico) que no haya sido tratado en el nuevo género.

2. Mito versus realismo en la novela

El concepto de que la novela posee una función espiritual al proporcionar una conciencia mítica al pueblo es hoy tan popular entre la comunidad literaria como lo fue la misma idea con relación a la poesía durante los siglos XVIII y XIX en Inglaterra. En 1972 el novelista Chandler Brossard escribe que «la ficción auténtica y original es visión, y los escritores de ficción son visionarios. Es mito y magia, y sus escritores son magos y chamanes, hacedores de mitos y mitologistas». Mark J. Mirsky escribe un manifiesto para una nueva publicación llamada *Fiction*, consagrada a resucitar el arte en los años setenta, y afirma: «Sencillamente no podemos creer que la gente se haya cansado de historias, que el oído de América se haya atrofiado de forma permanente y que sea ahora sorda al mito, la fábula, el acertijo, la paradoja». «En el *mythos*», continúa, citando a Thoreau, «una inteligencia sobrehumana emplea los pensamientos inconscientes del hombre como jeroglíficos que se dirigen a los hombres futuros».

Nada más lejos de la mente de los realistas que consolidaron la novela como género imperante hace un centenar de años. A decir verdad, le estaban volviendo la espalda, con una cierta euforia irreverente, al concepto de mito y de fábula, que había sido la venera-

1. Seudónimo del novelista y guionista George Goodman.
2. Casualmente obra de T. W.

da tradición del verso clásico y de la literatura de corte al estilo francés e italiano. Es difícil darse plena cuenta hoy de hasta qué punto estaba la novela empapada de realismo en sus principios –*réalisme pour le réalisme* !– *¡todo es real como la vida misma!* Defoe presenta *Robinson Crusoe* como las memorias auténticas de un marino naufragado. Richardson presenta *Pamela* como la correspondencia auténtica de una joven damisela en las garras de un hombre que quiere convertirla en su amante y no en su esposa. En la localidad de Slough los pueblerinos se congregan en torno al herrero mientras este lee en voz alta los episodios de *Pamela*... y el día que llega al pasaje en que ella gana por fin su batalla e induce a su perseguidor a desposarla, todos prorrumpen en vítores y repican las campanas de la iglesia. A mitad del siglo XIX los críticos tenían por obligación verificar la exactitud literal de las novelas, como si se diera por entendido que esto era una de las promesas publicitarias del producto, y le convenía al novelista cumplirla. Resultaba muy parecido a como los aficionados al cine controlaban (y quizás lo siguen haciendo aún) los anacronismos de las películas y escribían a los estudios cartas diciendo: «Si esta película se supone que trata de gángsters en los años treinta, cómo es que cuando al hombre le vuelan la cabeza con una escopeta de cañones recortados delante del Nightfisch Aquarium, en la acera hay aparcado un Plymouth 1941, que se reconoce por el embellecedor en forma de mariposa y...». Los novelistas habían aceptado como obligación la desagradable tarea de documentarse, de ir de un lado para otro, de «escarbar», con el fin de *explicarlo como es debido*. Esto formaba parte del proceso de escribir novelas. Dickens viajó a tres ciudades de Yorkshire con nombre supuesto y fingió buscar un colegio para el hijo de una amiga viuda... con el fin de infiltrarse en los notorios internados de Yorkshire y recoger material para *Nicholas Nickleby*.

Los realistas sociales como Dickens y Balzac parecían complacerse con tal frecuencia en el realismo puro y simple que se les reprochó a todo lo largo de su carrera. Ninguno de los dos fue considerado como un *artista* en vida (Balzac ni siquiera fue llamado a la Academia Francesa). A partir de 1860, los profesionales de la literatura –tanto novelistas como críticos, debo añadir– comenzaron a desarrollar la siguiente teoría: El realismo es un procedimiento de gran fuerza pero resulta de interés trivial a menos que se emplee para arrojar luz sobre una realidad más alta... la dimensión cósmica... valores eternos... la conciencia moral... Una senda que pronto los devolvió a la tradición clásica, al concepto de que la literatura tiene una misión espiritual, que «habla a los hombres futuros», que es magia, fábula, mito, el *mythos*. A partir de 1920, tanto en Francia como en Inglaterra, la novela de realismo social parecía ya torpe.

Gracias en parte a la Depresión, que estimuló *la* gran etapa de realismo social en la novela norteamericana, la moda «mítica» europea no llegó a la literatura norteamericana hasta después de la Segunda Guerra Mundial. Por ahora, sin embargo, se mantiene con fuerza. Casi todos los novelistas norteamericanos «serios» de hoy proceden de las universidades, y en ellas aprenden a fijarse en modelos tales como Beckett, Pinter, Kafka, Hesse, Borges, y más recientemente Zamiatin (el Zamiatin de *Nosotros*, en cualquier caso). El resultado final ha sido un desconcertante género de ficción –desconcertante para aquellos que no pertenecen a la cofradía– en el cual los personajes carecen de entorno, de historia personal, no se identifican con ninguna clase social, y consuman sus sinos en un lugar que no tiene nombre, con frecuencia un terreno elemental y sin tiempo como un bosque, un pantano, un desierto, una montaña o el mar. Suelen hablar, si es que hablan, con frases cortas y más bien mecánicas que, nuevamente, no traicionan ningún entorno específico, o bien emplean una dicción inexplicablemente arcaica. Responden a fuerzas inexplicables, están obsesionados por temores inexplicables, y muchas veces llevan a cabo fantásticas proezas físicas. ¿Qué tipifican esos procedimientos narrativos? ¡Toma!... mito, fábula, parábola, leyenda.

Creo que inconscientemente la estrategia de estos Neo-Fabulistas se plantea como sigue: «El realismo ha caído en manos de los nuevos periodistas, con los cuales no soy capaz de competir. Además, el realismo está pasado de moda. Así, ¿qué es lo que me queda para hacer? Bueno, volver a esas formas más puras y elementales de contar historias, las formas de las que nació la propia literatura; esto es, ¡mito, fábula, parábola y leyenda!».

Algunos de los Nuevos Fabulistas han descendido justo a eso.

Escriben abiertamente en las formas y los ritmos de la fábula, el cuento de hadas y las viejas narraciones épicas: John Barth («Dunyazadiad»), Borges, John Gardner, James Purdy, James Reinbold («Family Portrait»), Alan V. Hewat, y Gabriel García Márquez. El resto rinde tributo al Neo-Fabulismo, aunque solo sea observando convenciones tales como No Entorno, No Nombre Geográfico, No Diálogo y los Inexplicables.

Se han producido ciertos problemas peculiarmente modernos con la neo-fábula, no obstante. Por una razón, en sus mejores ejemplos la fábula no es una historia impresa sino una historia que se narra en voz alta. La fábula es «primordial» solo en el sentido de que antecede a la imprenta. La fábula nunca fue capaz de competir con la fuerza de la historia realista impresa, ni lo es ahora. Al renunciar a los procedimientos del realismo –tales como diálogo realista, descripción de condición social y punto de vista– el Neo-Fabulista se vuelve como el ingeniero que decide prescindir de la electricidad porque ya «está inventada».

Aunque mito, fábula, etc., hayan surgido primero, nunca tuvieron nada que hacer en cuanto fueron descubiertas técnicas más sofisticadas como una literatura impresa en desarrollo.

3. ¿Es el Nuevo Periodismo realmente nuevo?

Esta por lo general no es más que una pregunta retórica que se contesta: Claro que no. Nunca he visto a nadie que esperase una respuesta. De todas formas, intentaré proporcionar una:

La pregunta se parece mucho a la que los eruditos se plantearon una vez acerca de si se puede decir o no que la novela realista tiene su origen en el siglo XVIII con Richardson y Fielding (o Defoe, Richardson y Fielding). Existen varias demostraciones convincentes de su deuda para con Cervantes, Rabelais, el *roman* francés, *The Unfortunate Traveller* de Thomas Nashe, e incluso con una serie de novelistas poco conocidos tales como Thomas Deloney, Francis Kirkman, Mary de la Rivière Manley y Eliza Haywood. Aun así, en cuanto se lee a estos prenovelistas, se puede apreciar que sencillamente no han hecho lo que Richardson y Fielding hicieron. No han reflejado personajes, lenguaje, ambiente y costumbre con un realismo detallado y «cotidiano».

Igualmente en el caso del Nuevo Periodismo. La persona que pregunta si el Nuevo Periodismo es realmente nuevo suele dar nombres de escritores que a su juicio ya lo hicieron todo años atrás, décadas atrás, incluso siglos atrás. La debida inspección descubre que estos escritores acostumbran a pertenecer a una de estas cuatro categorías: 1) no escribían no-ficción en absoluto –como en el caso de Defoe; y de Addison y Steel en los «Sir Roger de Coverley Papers»–; 2) eran ensayistas tradicionales, que apenas recogían material «vivo» y empleaban pocas, si es que lo hacían, de las técnicas del Nuevo Periodismo: tales como Murray Kempton, I. F. Stone, y Baldwin en el caso frecuentemente citado de *The Fire Next Time*; 3) autobiógrafos; 4) Caballeros Literatos con un Asiento en la Tribuna. Las dos últimas categorías merecen alguna ampliación:

AUTOBIOGRAFÍA. La palabra *autobiografía* data de fines del siglo XVII. Es la única forma de no-ficción que ha tenido siempre en mayor grado los poderes de la novela. El problema técnico del punto de vista está resuelto desde el principio, porque el autobiógrafo presenta cada escena desde el mismo punto de vista, *id est*, el suyo propio. En las mejores autobiografías esto funciona perfectamente, porque el protagonista –el propio autor– se hallaba en el centro de la acción. No ha actuado como un reportero; ha vivido sencillamente su historia y presumiblemente la conoce al detalle; al autobiógrafo, por convención, se le permite presentar diálogos del pasado con extenso detalle sobre la base de que estaba allí y puede recordarlo. La línea va desde las *Confesiones de un inglés comedor de opio* de De Quincey hasta *La vida en el Misisipi* de Mark Twain, *Homenaje a Cataluña* de Orwell, o *Manchild in the Promised Land* de Claude Brown, y como forma permanece hoy tan poderosa como lo fue siempre.

Muchos reporteros que practican el Nuevo Periodismo emplean un marco autobiográfico –«Yo estaba allí y así es como influyó en mí»– precisamente porque esto parece resolver tantos problemas técnicos. El Nuevo Periodismo se ha definido muchas veces como un «periodismo subjetivo» por esa precisa razón; verbigracia, Richard Schickel, en *Commentary*, lo definió como «una fórmula en la cual se entiende que el escritor se mantiene en todo momento en primer término». El caso es que la mayoría de los mejores logros en la materia se han conseguido con narración en tercera persona, en la que el autor se mantiene completamente invisible, tales como las obras de Capote, Talese, el Breslin de la primera época, Sack, John Gregory Dunne, Joe McGinniss. A finales de los sesenta la noción de «subjetividad» reapareció de otro modo muy distinto. El término de Nuevo Periodismo empezó a ser confundido con el «periodismo de tendencia». Con el auge de la Nueva Izquierda se empezaron a ver con mayor frecuencia periodistas de la especie más pasada de moda técnicamente, como Jack Newfield de *The Village Voice*, que se titulaban a sí mismos Nuevos Periodistas. Creo que la atracción residía en la palabra *nuevo*. «Si soy un periodista de la Nueva Izquierda... entonces tengo que ser un Nuevo Periodista.» Por fortuna esta fase parece ya superada; hasta Newfield ha abandonado la posición. Pero creo que cuando terminó de veras fue la tercera vez que Newfield se agrupó a sí mismo con Jimmy Breslin como Nosotros Dos Nuevos Periodistas. Esto debe de haberle hecho temblar las carnes a Breslin.

LOS CABALLEROS LITERATOS CON UN ASIENTO EN LA TRIBUNA. Este es un anciano y honorable tipo de ensayista cuyo trabajo difiere del Nuevo Periodismo en la cuestión crucial de cómo recoge su información. Por lo general no trabaja lo bastante de cerca, ni del modo adecuado, como para emplear los procedimientos en los que se basa el nuevo género.

William Hazlitt es citado con frecuencia como «alguien que estaba practicando vuestro "nuevo" periodismo hace ciento cincuenta años», y la Prueba Número Uno es su famoso trabajo «The Fight», concerniente a un combate de boxeo sin guantes entre Bill Neates y el Hombre del Gas. Lo que se encuentra en este artículo son unos cuantos pasajes gráficos sobre los golpes que se intercambiaron, las muecas del rostro de los boxeadores... y eso es todo. No hay nada que no hubiese podido observar fácilmente (aunque tal vez no tan bien descrito) cualquier otro Caballero en la Tribuna, o entre la gente al lado del ring en este caso. Estoy convencido de que Hazlitt debió de sentirse demasiado caballero, o demasiado tímido, para acercarse más al tema, lo que le habría permitido meter al lector no simplemente dentro del ring, sino dentro del punto de vista de los propios boxeadores, que es como decir dentro de sus vidas... a base de seguirles a lo largo de su entrenamiento, de ir a sus casas, de hablar con sus hijos, sus mujeres, sus amigos, como hizo, por ejemplo, Gay Talese en un artículo sobre Floyd Patterson.

Algún estudioso emprendedor podría escribir una bonita monografía sobre el tema de «El Código del Caballero del Siglo XVII tal como se ha Conservado en los Mundos Literarios de Inglaterra y los Estados Unidos». La hipótesis sería la de que la experiencia del literato como (en sentido completamente literal) huésped personal de la aristocracia en el siglo XVII ha creado ciertas actitudes *sociales* con relación al comportamiento literario, y que estas actitudes han permanecido hasta la actualidad, se han conservado a través de revoluciones, guerras, depresiones, bohemias, pantalones acampanados y camisetas cortas, y convulsiones de todas clases, de modo que un cierto protocolo *social* sigue aún en activo.

La tradición caballeresca en la no-ficción se resume en la frase «el ensayo refinado». Utilizar las piernas, «escarbar», recoger material, sobre todo el que se airea en los vestuarios de caballeros, está... bueno, por debajo *de* la dignidad de uno. Coloca al escritor en una postura tan embarazosa... No solo ha de introducirse en la mayordomía de las personas sobre las que escribe, se convierte también en un esclavo de sus horarios. Recoger ese material puede ser tedioso, embrollado, sucio físicamente, fastidioso, peligroso incluso. Pero lo peor de todo, desde el punto de vista caballeresco, es la continua postura de humillación. El reportero parte sobre la base de hacer suposiciones acerca de la intimidad de alguien, formulando preguntas a las que no tiene derecho de esperar respuesta... y apenas se ha rebajado a este extremo se ha convertido en un pedigüeño que levanta su taza, que espera información o que algo ocurra, que confía en ser tolerado el tiempo suficiente para conseguir lo que necesita, que adapta su personalidad a la situación, que es obsequioso, complaciente, encantador, cualquier cosa que parezca exigírsele, que soporta sarcasmos, insultos, hasta violencias ocasionales en el eterno afán por «la noticia»... Un comportamiento que se acerca al servilismo e incluso a la mezquindad. El Caballero Literato en la Tribuna ni hace suposiciones ni mendiga; ni, en muchos casos, saca siquiera el cuenco del mendigo, que es la agenda. Asume una postura caballeresca en la tribuna... igual que muchos de los novelistas que escribieron no-ficción dotada de «conciencia social» en los años treinta (*exempli gratia*, «The Anacostia Flats», de John Dos Passos). Raras veces emplean punto de vista o diálogo como no sea del modo más superficial. En su mayor parte proporcionan «descripción gráfica» más sentimiento. La descripción que hace D. H. Lawrence de una danza de la serpiente de los indios hopi en Nuevo México es poco más que eso, a pesar de la iniciativa mostrada al trasladarse allí en primer lugar. Resulta evidente que consideraba lo que estaba haciendo como una forma secundaria de literatura y no recurrió a ninguno de los sofisticados procedimientos que hubiera empleado en una escena de alguno de sus relatos.

Tras todo el entusiasmo con que vi recibir a los críticos *Elogiemos ahora a hombres famosos*, de James Agee –un libro sobre las pobres gentes de los Apalaches durante la Depresión–, su lectura significó una gran decepción. Agee demostró un espíritu bastante emprendedor, al ir a las montañas y vivir por corto tiempo con una familia de montañeses. Leyendo entre líneas, yo diría que su problema fue una extrema timidez personal. Su relación abunda en descripciones «poéticas» y es muy parca en diálogo. No emplea otro punto de vista que el suyo propio. Leyendo entre líneas se obtiene la imagen de un hombre cultivado y extremadamente retraído... demasiado cortés, demasiado tímido para hacerle preguntas a esas gentes humildes o siquiera inducirles a hablar. Hasta la obra de Mailer peca de ese mismo curioso defecto, la misma repugnancia a sacar el cuaderno de notas y franquear la línea refinada y atravesar las puertas donde pone Prohibido el Paso. Hay muy poco tanto en *Miami y el sitio de Chicago* y *Un fuego en la luna* que no pudiese haber observado cualquier otro Caballero Literato en la Tribuna. Tal vez el más retraído de todos haya sido Murray

Kempton. Kempton nunca ha sido capaz de bajarse de la tribuna. Sigue ahí arriba hasta el momento, tejiendo su fantástica imitación de los Ensayos Británicos en la que reinan pasmosas y elegantes tautologías tales como «La señora Jessie McNab Dennis, conservadora adjunta del Departamento de Artes Europeas Occidentales, asistió a la audiencia en calidad de observadora, ya que no solo sus sentimientos hacia el plan sino su expresión de los mismos no eran del grado de docilidad que su director consideraría provechoso en un testigo».

CANDIDATOS NO DEL TODO MALOS. A pesar de esto, se puede retroceder en la historia de la literatura y hallar ejemplos de no-ficción escritos por reporteros, y no autobiógrafos o caballeros literatos en la tribuna, que muestran muchas características del Nuevo Periodismo. Para empezar, Boswell.[1] Una cosa que me gusta de Boswell es la forma con que intentó realmente empujar a Johnson a situaciones de las que podía dar parte, conseguir el diálogo, ridiculizar las costumbres; como la vez que engañó a Johnson haciéndole ir a cenar a casa de su enemigo literario, John Wilkes.

... *Escenas de la vida de Londres por "Boz"* de Dickens; descripciones de las rondas cotidianas de típicas siluetas londinenses, acreedores, alguaciles, cocheros, etc., escritas para el *Morning Chronicle* y otros periódicos, una fórmula que emplean muy a menudo Nuevos Periodistas de hoy... *London Labour and the London Poor*, de Henry Mayhew, notable fundamentalmente por el interés de Mayhew en descubrir a las clases más bajas del East End londinense y por la habilidad con que captó su lenguaje... *Guía para viajeros inocentes*, de Mark Twain; al contrario de la autobiográfica *La vida en el Misisipi*, en este caso adoptó la actitud de un reportero dispuesto a recoger escenas y diálogos... El curioso libro de Chéjov *Un viaje a Sajalín*; el gran dramaturgo y autor de cuentos visita, en la cúspide de su fama, una colonia penal en una isla de la costa rusa del Pacífico con el fin de poner al descubierto sus condiciones de vida; desigual, didáctico, lleno de disquisiciones y estadísticas, pero incluye algunas

---

1. James Boswell (1740-1795), abogado y escritor, autor de una famosa biografía de Samuel Johnson (1791).

escenas notables (en especial «Los cerdos»)... Los bosquejos de Stephen Crane sobre el Bowery para *Press* de Nueva York; en su mayor parte «descripciones gráficas», no obstante, y muy poca penetración de las vidas de sus personajes; simples ejercicios de calentamiento para novelas... *Diez días que sacudieron el mundo*, de John Reed; algunos fragmentos en cualquier caso, en especial la escena donde los proletarios desafían la autoridad del oficial de navío... *Sin blanca en París y Londres*, de Orwell, un caso en el cual, si no me equivoco, Orwell pasó por la experiencia expresamente para escribir sobre ella (*id est*, se la planteó como reportero)... La escuela de «reportaje» de los años treinta, que se centró en la revista *New Masses*; teóricos tales como Joseph North tenían en mente un nuevo periodismo tan compacto como al que me he estado refiriendo, pero buena parte de su trabajo degeneró en propaganda de no muy elaborada especie; me divierte que North se quejara de que los profesionales literarios tacharan el nuevo periodismo de sus chicos de «forma bastarda»... Algo (pero no mucho) de los «reportajes» de Hemingway por la misma época... Varios de los artículos de John Hersey a comienzos de los años cuarenta, tales como un apunte titulado «Joe ya está ahora en casa» (*Life*, 3 de julio de 1944); aquí empezamos a encontrarnos ya con el antecedente directo del Nuevo Periodismo de nuestros días... *Hiroshima*, de Hersey; muy novelístico, llenó un número entero de *The New Yorker* en 1946, influyó de modo considerable en otros escritores de la revista, tales como Truman Capote y Lillian Ross... El perfil de Capote sobre Marlon Brando y su relación del viaje de intercambio cultural norteamericano a Rusia de una compañía; el perfil de A. J. Liebling de un viejo columnista del *National Enquirer* titulado «Colonel Stingo»; el famoso destripamiento de Ernest Hemingway llevado a cabo por Lillian Ross («¿Cómo lo quieren ahora, caballeros?»)... Varios colaboradores de *True*, en particular Al Stump, autor de una extraordinaria crónica sobre los últimos días de Ty Cobb... (Y, tal como John F. Szwed y Carol Anne Parssinen, de la Universidad de Pensilvania, me han señalado, algunos de los artículos de Lafcadio Hearn para periódicos de Cincinnati a partir de 1870; *exempli gratia*, «Inanición lenta», *Enquirer* de Cincinnati, 15 de febrero de 1874.)

Un nuevo periodismo estaba fraguándose en los años cincuenta, y puede haber nacido de la labor de *The New Yorker* o *True*, si se exceptúa un detalle: durante los cincuenta la novela lanzaba sus últimas llamaradas como sanctasanctórum. El culto de la novela como forma sagrada alcanza su límite en esa década para de improviso empezar a extinguirse cuando se hace evidente que no va a producirse un Período de Oro de la Posguerra en la novela. A comienzos de los sesenta una forma más espectacular de nuevo periodismo –más espectacular en términos de estilo– había arrancado en *Esquire*, y, poco después, en *New York*. Pero si alguien desea sostener que la actual tradición se inicia con *The New Yorker* y *True*, yo no me opondré. Hubo también unos cuantos escritores independientes tales como el fallecido Richard Gehman que, durante los años cincuenta, recubrieron en una ocasión u otra a muchas de las técnicas a que me he referido.

4. *El hombre de letras*

Muchos hombres de letras norteamericanos a mitad de los años sesenta abrigaban de hecho esperanzas de acceder a la clase alta de la literatura, o por lo menos situarse a la par con los novelistas, una idea que probablemente desconcertaría hasta al sofisticado público lector de la época. Su apreciación de la frase «hombre de letras» se acercaba probablemente a la de T. S. Eliot, quien los llamó en una ocasión «mentes de segundo orden» (y lo puso peor al explicar que *necesitamos* mentes de segundo orden para llevar los libros y contribuir a la circulación de las ideas de los demás), o a la de Balzac, quien declaró una vez que «la designación "hombre de letras" es el insulto más cruel que se le puede dirigir a un autor» (por cuanto indica que su categoría se deriva más de sus asociaciones literarias que de su talento como escritor). El hombre de letras suele ser un crítico, a veces un teórico o historiador literario, e invariablemente un doctor homeópata que aprovecha sus ensayos literarios para efectuar comentarios sobre moral y sociedad. A pesar de esto, el hombre de letras ha sido en otro tiempo, durante unos veinte años, la figura literaria imperante.

Esto ocurrió en Inglaterra durante el período comprendido entre 1820 y 1840 que siguió a la decadencia de la poesía, una decadencia en categoría muy similar a la actual «muerte de la novela». Esto se produjo en el preciso momento en que las grandes revistas literarias británicas se hallaban en auge, empezando por la *Edinburgh Review* en 1802. Las críticas establecieron muchas convenciones literarias que persisten invariables hasta hoy, tales como la función del hombre de letras como disidente y oponente atrincherado en su poder y el empleo de la forma denominada «crítica-artículo», en la cual el hombre de letras emplea el libro que reseña como pretexto para una excursión de recreo por un tema más general. Las revistas de crítica gozaban de poderosa influencia política, y sus directores eran celebridades. En 1831 Thomas Carlyle afirmó que el poeta reinante del período, Byron, le dijo que el poeta no era ya el rey indiscutido de la literatura; tenía que compartir ahora su trono con el hombre de letras. Hacia 1840 Carlyle se convenció de que el hombre de letras se había ya adueñado de todo. Llevó a cabo una famosa serie de conferencias sobre el Héroe; la conferencia número cinco versó sobre «nuestro más importante personaje», el Héroe como Hombre de Letras. Irónicamente, fue durante esa misma década, 1840-1850, cuando una banda de bárbaros literarios salieron de la nada para destronar al hombre de letras tan pronto como había surgido: *videlicet*, los novelistas realistas.

En Nueva York al iniciarse los años sesenta, donde no se hablaba más que de «la muerte de la novela», el hombre de letras parecía resurgir otra vez. Se hablaba mucho de crear una «élite cultural», basada sobre lo que los literatos locales imaginaban que existía en Londres. Tales esperanzas fueron destruidas, naturalmente, por la repentina aparición de otra horda de bárbaros, los Nuevos Periodistas.

5. *La fisiología del realismo (Una predicción)*

Esta nota no atañe a la historia sino al futuro próximo. Me he referido ya a los actuales estudios de fisiología del cerebro. Durante las próximas décadas las experiencias en este campo se concentrarán en el proceso aún misterioso que sirve como principio divino para muchos escritores y artistas: creatividad. Parte de lo que descubrirán sobre los poderes de la palabra escrita será (predigo) lo siguiente:

La imprenta (por oposición al cine o al teatro) es un medio indirecto que tiende más a estimular los recuerdos del lector que a «crear» imágenes o emociones. Por ejemplo, los escritores que describen borrachos raras veces intentan describir precisamente el estado de borrachera. Cuentan con que el lector se habrá emborrachado alguna vez en su vida. Es tanto como decir: «Estaba borracho así-y-así... y, bueno, ya saben cómo es eso». (En lo que respecta a tipos más arcanos de embriaguez, tales como LSD o metedrina, los escritores no pueden establecer semejante supuesto... y esto ha desconcertado a muchos de ellos.) Por esta razón, los escritores pasan apuros hasta para crear la imagen de un rostro humano. Las descripciones tienden a desbaratar este preciso propósito, porque desintegran el rostro más que crean una imagen. Los escritores resultan mucho más creíbles cuando no presentan más que una simple silueta. En *Un día en la vida de Iván Denísovich* Aleksandr Solzhenitsyn habla de «Iván, un sargento alto y flaco de ojos negros. La primera vez que le veías, te llevabas un susto de muerte...». O: «Había una expresión inerte en el rugoso rostro afeitado del tártaro»... y hasta ahí llega la amplitud de la descripción facial. El recuerdo que guarde el lector (suponiendo que lo tenga) de estos individuos le llevará a completar lo que falta.

Aun así, esta operación fundamental –estimular la memoria del lector– ofrece algunas ventajas únicas y casi maravillosas. Si los estudiosos del cerebro están en lo cierto hasta el momento, la memoria humana parece constituida por grupos de datos significantes –al contrario de lo que presumía la vieja teoría, mecanicista: *videlicet*, que está constituida por fragmentos fortuitos de datos casuales y sin sentido que son luego combinados y dotados de significación por la mente–. Estos grupos de memoria combinan a menudo una imagen completa y una emoción. La fuerza de una simple imagen en un relato o una canción para evocar un sentimiento complejo es bien conocida. Siempre me encantaron los versos iniciales de una canción country de Roger Miller titulada «Rey del camino». «Remolques en venta o alquiler», comienza, «Se alquila habitación cincuenta centavos». No es tanto la mención de los remolques lo que me encanta sino la «Se alquila habitación». Pertenece a esa clase de estilo arcaico que, según mi experiencia, se encuentra solo en ventanas o en marcos de puerta en la zona más vieja y más estropeada de una ciudad. Inmediatamente me trae a la memoria una imagen particular de una calle particular cerca de Worcester Square en New Haven, Connecticut. La emoción que conjura es de soledad y privación, pero de un carácter más bien romántico (bohemia). Nuestra memoria está aparentemente constituida por millones de estos grupos, que se combinan entre sí según el principio del Identikit.[1] Los escritores más dotados son aquellos que manipulan los grupos de memoria del lector de forma tan exquisita que recrean dentro de la mente de este todo un mundo que vibra con las propias emociones reales del lector. Los acontecimientos únicamente se producen en la página, en la letra impresa, pero las emociones son reales. De ahí esa sensación única cuando uno es «absorbido» por un cierto libro, se «pierde» en él.

Solo ciertos procedimientos específicos pueden estimular o disparar la memoria de esta forma exquisita, sin embargo; los mismos cuatro procedimientos que ya he mencionado: construcción escena por escena, diálogo, punto de vista y relación de la categoría social de la vida. Dos de estos procedimientos, escenas y diálogo, se pueden gobernar mejor en película que en letra impresa. Pero los otros dos, punto de vista y relación de la categoría social de vida, funcionan mucho mejor en letra impresa que en película. Ningún cineasta ha conseguido con éxito meter al público en la mente o sistema nervioso central de un personaje –algo que hasta los malos novelistas son capaces de llevar a cabo rutinariamente–. Los cineastas lo han probado todo. Han probado la narración con voz en off. Han probado convertir la cámara en los «ojos» del protagonista, de forma que solo podemos verle cuando se pone delan-

---

1. Un dispositivo que permite realizar retratos compuestos por la combinación de un gran número de rasgos faciales en láminas transparentes.

te de un espejo. La moda actual son los «relámpagos de memoria», cortes rápidos, a veces en tonos monocromos, a recuerdos del pasado. Nada de eso consigue meter eficazmente a nadie en la cabeza de un personaje de película. (Lo que está más cerca de conseguirlo, para mí, son los apartes a la cámara que hace Michael Caine en *Alfie*;[1] comienzan como momentos cómicos, *à la* [película] *Tom Jones*,[2] pero terminan siendo intermedios más bien patéticos, mucho más eficaces, singularmente, que los apartes en una obra de teatro.) Ciertas novelas realistas resultan logradas porque se detienen con tal realismo, tal eficacia, en la vida mental y atmósfera emotiva de un personaje determinado. Esas novelas se convierten casi siempre en desastres al ser llevadas a la pantalla; *exempli gratia*, *Tropic of Cancer*[3] y *Portnoy's Complaint*.[4] Los fabricantes de tales películas suelen izar bandera blanca a base de terminar poniendo a alguien, ya sea en off o ya sea en pantalla, que declame grandes cachos de la propia novela, como si confiaran en que *eso* restituirá la fuerza del dichoso libro. Esa fuerza, por desgracia para ellos, se halla completamente envuelta en la relación fisiológica única que existe entre el lenguaje escrito y la memoria.

Las películas resultan casi tan falsas en lo que se refiere a la condición social de vida. En letra impresa un escritor puede presentar un detalle de vida social y luego darle un codazo al lector para asegurarse de que conoce su significación, y todo ello parece muy natural. En la escena inicial de *Madame Bovary* Flaubert presenta a Charles Bovary como un chico de quince años en su primer día de internado: «Llevaba el cabello cortado en flequillo, *igual que un chantre de iglesia de pueblo...*». La cursiva es mía; aquí y durante todo el pasaje Flaubert le da codazos al lector para asegurarse de que la imagen que describe se encarna en un muchacho campesino, un *rustaud*, que resulta ridículo para sus compañeros de escuela. Las películas pueden presentar idénticos detalles, naturalmente, pero no subrayar su significación como no sea

1. (Lewis Gilbert, 1966.)
2. (Tony Richardson, 1963.)
3. (Joseph Strick, 1970.)
4. (Ernest Lehman, 1972.)

a través del diálogo, que se vuelve pronto muy forzado. Como resultado la traducción cinematográfica de la condición social es como un gran brochazo... la mansión, los criados, el Rolls, el vagabundo, la telefonista con acento del «Bronx»... Desde el momento en que el cineasta no puede darle codazos al público, suele acabar dándoles a sus detalles sociales un énfasis desmedido... la mansión que es *demasiado vasta*, los criados que son *demasiado ceremoniosos*...

El primer cineasta que consiga trabajar inspiradamente con punto de vista y categoría social será el primer gigante en ese campo. Es triste decirlo, pero los estudiosos de la cognición pueden descubrir que técnica y fisiológicamente sea un problema imposible de resolver para el cine.

6. *Trabajo de preparación*

No existe una historia de cómo ha evolucionado el trabajo de preparación de un reportaje, que yo sepa. Dudo que se le haya ocurrido siquiera a alguien, incluso en las escuelas de periodismo, que el tema pudiese tener fases históricas. El modo de recoger el material que ahora se da en el Nuevo Periodismo arranca probablemente con la literatura de viajes de fines del siglo XVIII y comienzos del XIX (y, como ya digo, con la figura singular de Boswell). Muchos de los escritores de viajes parecen haber sido inspirados por el éxito de las autobiografías. Su idea era crear una autobiografía ellos mismos a base de dirigirse a países extranjeros en busca de color y de aventura. Melville, por ejemplo, inició su carrera en el filón del viaje y la aventura como *Omoo* y *Typee*.

Desde un punto de vista histórico el rasgo interesante es cuán pocas veces se les ocurrió a los escritores de no-ficción que podían conseguir ese material de otras maneras que no fuese la autobiografía. Me refiero al tipo de preparación amplia que permite recoger escenas, diálogo extenso, vida social y vida emotiva además de los datos usuales del ensayo-narración. En el siglo XIX los novelistas hacían mucho más uso de esa preparación que los periodistas. He citado ya los ejemplos de Balzac y Dickens. El tipo de investigación que Dostoyevski llevó a cabo para *Los endemoniados* es otro ejemplo. Un motivo de que los escritores de no-ficción tardaran en ver las posibilidades de este planteo fue el de que la no-ficción, exceptuando la autobiografía, se consideraba como un género didáctico, al menos en su expresión más elevada. Un escritor que buscase enseñar una lección no solía perseguir otro contenido que el necesario para dar solidez a sus argumentos. En *Un viaje a Sajalin* se puede apreciar cómo Chéjov lucha contra la convención y se libera de ella aquí y allá.

Uno de los mayores cambios traídos por la nueva casta de periodistas ha sido el de una inversión de esta actitud... de forma que la demostración de su dominio técnico se hace capital, mientras que la demostración de los puntos morales resulta secundaria. Esta pasión por la brillantez técnica les ha prestado una extraña especie de objetividad, una objetividad egoísta pero objetividad en cualquier caso.

Cuando se pasa del reportaje de periódico a esta nueva forma de periodismo, como yo y muchos otros hicimos, se descubre que la unidad fundamental de trabajo no es ya el dato, la pieza de información, sino la escena, desde el momento en que muchas de las estrategias sofisticadas en prosa se basan en las escenas. Por consiguiente, tu problema principal como reportero es, sencillamente, que consigas permanecer con la persona sobre la que vas a escribir el tiempo suficiente para que las escenas tengan lugar ante tus propios ojos. No existen reglas ni secretos artesanales de preparación que le permitan a uno llevar esto a cabo; es definitivamente un test de tu personalidad. Ese trabajo previo no resulta más fácil sencillamente porque lo hayas hecho muchas veces. El problema inicial radica siempre en tomar contacto con completos desconocidos, meterse en sus vidas de alguna manera, hacer preguntas a las que no tengas derecho natural de esperar respuesta, pretender ver cosas que tú no tienes por qué ver, etc. Muchos periodistas lo consideran tan incorrecto, tan embarazoso, tan aterrador a veces, que jamás son capaces de dominar este primer paso. Murray Kempton y Jack Newfield son ejemplos de dos reporteros paralizados por este pánico. Los únicos desconocidos con cuyo contacto Newfield se siente aparentemente cómodo son gente como el Macho Revolucionario del Siglo de este mes, a quien previamente le hayan asegurado que el reportero es amigable.

Los propios reporteros tienden a sobrestimar groseramente la dificultad de aproximarse a la gente sobre la que pretenden escribir y permanecer con ella. El sociólogo Ned Polsky acostumbra a quejarse de que los criminologistas estudian a los criminales únicamente en la cárcel –donde ponen su cabeza en el tajo con la esperanza de obtener la libertad condicional– basándose en el supuesto de que, naturalmente, no pueden tomar contacto con el criminal en su propio hábitat. Polsky sostenía, y lo demostró con su propio trabajo, que los criminales no se consideran a sí mismos como tales sino sencillamente como gente que lucha para abrirse paso en la vida y con la que, por tanto, puede ser muy fácil tomar contacto. Además, son gente que suele pensar que sus hazañas merecen ser perpetuadas en literatura. Gay Talese demostró esta teoría con mayor amplitud al introducirse en una familia de la Mafia y escribir *Honor Thy Father* (aunque no se acercó a un área clave, sus actividades criminales en sí mismas).

Muchos buenos periodistas que confían en penetrar en un mundo ajeno y permanecer en él por algún tiempo, lo hacen muy suavemente y sin bombardear con preguntas a sus sujetos. En su extraordinaria hazaña periodística sobre el mundo del deporte George Plimpton adoptó la estrategia de mantenerse en la sombra con tal timidez y humildad que *ellos* acabaron pidiéndole por el amor de Dios que saliese y jugara. Pero, una vez más, es ante todo cuestión de la personalidad de cada cual. Si un reportero permanece con una persona o un grupo el tiempo suficiente, ambos –reportero y sujeto– desarrollarán una relación personal de algún tipo. Para muchos reporteros esto significa un problema más terrible que introducirse en la escena concreta en primer lugar. Se sienten castigados por un sentimiento de culpabilidad, responsabilidad, deuda. «Tengo la reputación de ese hombre, su futuro, en mis manos»: esto acaba siendo estado de ánimo. Tal vez empiezan a sentirse igual que mirones: «He hecho presa en la vida de ese hombre, la he devorado con los ojos, no me he comprometido yo mismo, etc.» Las personas que se vuelvan excesivamente sensibles en esta consideración, nunca podrán asumir el nuevo estilo de periodismo. Inevitablemente harán un trabajo de segunda categoría, predispuesto de manera tan banal que confundirá hasta a los sujetos que cree «proteger». Un escritor necesita cuanto menos el ego suficiente como para convencerse de que lo que está haciendo como escritor es tan importante como lo que haga cualquiera sobre quien escriba y que por consiguiente no debe comprometer su propio trabajo. Si no cree que lo que está escribiendo es una de las actividades más importantes que se desarrollan en la civilización contemporánea, le conviene cambiarse a otra que crea que lo sea... que se haga aspirante a asistente social, consejero de inversiones para la Iglesia unitaria, o inspector de supresión de ruidos...

En el supuesto de que esta faceta no resulte demasiado abrumadora, este trabajo llevado a nivel de saturación, tal como yo lo concibo, puede ser uno de los más estimulantes «viajes», tal como dicen ellos, del mundo. Muchas veces sientes como si en tu sistema nervioso central se encendiera una luz roja de alerta y te convirtieses en un aparato receptor y tu cabeza barriera la pantalla oscura como un rayo de radar, y tú dices «Pasa, mundo», ya que solo quieres... atraparlo todo entero... Algunos de los momentos mejores se producen cuando Mr. Peligro asoma, y la adrenalina corre, y todo el tumulto se abalanza, y el fuego llueve de lo alto –¡y tú descubres que tu aparato aún funciona!, ¡estás escarbando el caos en busca de detalles!, ¡vaya material que puedes emplear!... Bueno, ese horrible monstruo que acaba de arrojar la bomba submarina al regazo del maestro de ballet–, ¿era un collar de cuero o un pañuelo de seda lo que llevaba en el cuello? ¿Y dónde anda ese pequeño as que estaba justo a su lado, ese que no tiene barbilla? Probablemente pueda conseguir a través suyo el nombre de ese asqueroso tártaro –y... «¡Abajo los blancos! ¡Abajo los blancos! ¡Abajo los blancos!»–, ya han empezado con esa basura otra vez y se dirigen justo hacia aquí; pero ¿te has dado cuenta de que esas mujeres mongólicas son más ruidosas que los hombres, y más grandes?, enormes, gordas y horribles, igual que los Green Bay Packers,[1] esos asquerosos rinocerontes... y esa viene precisamente hacia mí –¡Abajo los blancos!– escupiendo fuego por los ojos –una tártara mongólica de

1. Equipo de fútbol americano.

cien kilos repleta de cerdo–, qué cojones es eso que lleva clavado en el pelo, bueno, es un maldito cuchillo de cortar pasteles... y mientras todo esto cae, mientras el mundo llega a su fin, con un cuchillo de cortar pasteles que rebana la fosa temporal de mi propio melón, se han cruzado los hilos... pero de qué forma tan deleitosa... uno viene directamente de la terminal Terror Pánico, pero el otro lleva el mensaje a un mundo jadeante: ¡Amigos! ¡Ciudadanos! ¡Lectores de revistas! ¡Menuda *escena* va a ser esta! ¡Ayudadme, así es como vive ahora la gente! ¡así es como... (gork))))))))))

Segunda parte
Antología del Nuevo Periodismo

REX REED: de
¿DUERME USTED DESNUDA?

Rex Reed elevó la entrevista con celebridades a un nuevo nivel, gracias a su sinceridad y su visión para el detalle social. También ha sido un maestro en la captación de un hilo anecdótico en la propia situación de la entrevista –en este caso describiendo a Ava Gardner como la estrella madura que exige ser tratada como una estrella–. Reed utiliza en ocasiones la primera persona, pero nunca de forma importuna, sino más bien en el sentido de Nick Carraway en El Gran Gatsby, *aun cuando, como en este caso, el propio entrevistador se convierta en un elemento de la historia. Reed es excelente en la transcripción y uso del diálogo. T. W.*

Ava: Vida al anochecer

Ella está ahí, de pie, sin ayuda de filtros contra una habitación que se derrite bajo el calor de sofás anaranjados, paredes color lavanda y sillas de estrella de cine a rayas crema y menta, perdida en medio de este hotel de cupidos y cúpulas, con tantos dorados como un pastel de cumpleaños, que se llama Regency. No hay guión, ni un Minnelli que ajuste los objetivos del CinemaScope. La lluvia helada golpea las ventanas y acribilla Park Avenue mientras Ava Gardner anda majestuosamente en su rosada jaula leche-malta cual elegante leopardo. Lleva un suéter azul de cachemir de cuello alto, arremangado hasta sus codos de Ava, y una minifalda de tartán y enormes gafas de montura negra y está gloriosa, divinamente descalza.

Abriéndose paso a codazos entre un tumulto de cazadores de autógrafos y ávidos de emociones arracimados en el vestíbulo, durante el trayecto en el ascensor de incrustaciones doradas, el agente de prensa de la Twentieth Century-Fox no ha parado de repetirme entre murmullos: «Ella no ve a nadie, ¿sabe?» y «Es usted muy afortunado, es el único por quien ha preguntado». Recordando, quizás, la última vez que vino a Nueva York desde su escondite en España para el lanzamiento de *La noche de la iguana*[1] y le trastornó tanto la prensa que se fue de la fiesta y terminó en el Birdland. Y, nerviosamente, moviéndome bajo mi chaqueta de polo a lo Brooks Brothers, recuerdo también a los fotógrafos, contra los que –según se dice– ella arrojó copas de champán (¡corre incluso el rumor de que precipitó a un periodista por la barandilla!), y –¿quién podría olvidarlo, Charlie?– la marimorena que se armó al presentarse Joe Hyams con un cassette oculto en la manga.

Ahora, dentro de la jaula de leopardo, sin un látigo y temblando como un pájaro nervioso, el agente de prensa dice algo en castellano a la criada española.

–Diablos, he pasado diez años allí y aún no soy capaz de hablar ese dichoso idioma –gruñe Ava, despidiéndole con un movimiento de los largos brazos de porcelana de Ava–. ¡*Fuera*! No necesito agentes de prensa. –Las cejas dibujan bajo las gafas dos deslumbrantes, acequinados interrogantes–. ¿Puedo confiar en él?, pregunta, sonriendo manifiestamente con esa irresistible sonrisa de Ava y señalándome. El agente hace un gesto afirmativo con la cabeza mientras se dirige hacia la puerta:

–¿Podemos hacer algo más por usted mientras permanece en la ciudad?

–Solo *sacarme* de la ciudad, pequeño. Solo *sacarme* de aquí. El agente se aleja silenciosamente, caminando por la alfombra como si pisara rosas de cristal con zapatos de claqué. La criada española (Ava insiste en que es una perla, «Me sigue por doquier porque me adora») cierra la puerta y se larga hacia otra habitación.

–Bebes, ¿verdad, pequeño? El último maricón que vino a verme tenía gota y no quiso probar trago. –Suelta un rugido de leo-

1. (John Huston, 1964.)

84

pardo que suena sospechosamente igual que Geraldine Page en el papel de Alexandra del Lago[1] y mezcla bebidas de su bar portátil: scotch y soda para mí y para ella una copa de champán llena de coñac y otra de Dom Pérignon, que bebe sucesivamente, vuelve a llenar y sorbe despacio como jarabe a través de una paja. Las piernas de Ava cuelgan blandamente de una silla color lavanda mientras su cuello, pálido y largo como un vaso de leche, se alza sobre la habitación como un terrateniente sudista inspeccionando una plantación de algodón. A sus cuarenta y cuatro años, aún es una de las mujeres más hermosas del mundo.

–No me mires. Estuve despierta hasta las cuatro de la madrugada en ese maldito estreno de *La Biblia.* ¡Estrenos! ¡Mataré personalmente a ese John Huston si vuelve a meterme en otro lío como ese! Debía haber diez mil personas agarrándome. La multitud me produce claustrofobia y no podía respirar. Por Dios, empezaron apuntándome con una cámara de TV, gritando «¡Di algo, Ava!». En el intermedio me perdí y después de apagarse las luces no pude encontrar mi maldita butaca y no paré de decir a aquellas chiquillas de rizados cabellos y linternas «Voy con John Huston», y ellas no pararon de responderme «No conocemos a ningún Mr. Huston, ¿es de la Fox?». Iba a tientas por los pasillos a oscuras y cuando finalmente encontré mi butaca, estaba ocupada y hubo una gran escena para conseguir que ese tipo me dejara sentar. Déjame decírtelo, pequeño, la Metro solía montar los circos mucho mejor. Para colmo, perdí mi maldita mantilla en la limousine. Diablos, no era un souvenir, esa mantilla. Nunca encontraré otra igual. Entonces John Huston me lleva a esta fiesta donde teníamos que ir de un lado para otro y sonreír a Artie Shaw, con quien estuve casada, pequeño, por el amor de Dios, y su esposa, Evelyn Keyes, con quien John Huston estuvo casado hace tiempo, por el amor de Dios. Y cuando todo ha terminado, ¿qué es lo que has conseguido? El mayor dolor de cabeza de la ciudad. A nadie le importa quién diablos estaba allí. ¿Piensas por un momento que Ava Gardner expuesta en ese circo venderá la película? Por Dios, ¿lo *viste*?

1. En *Sweet Bird of Youth* (*Dulce pájaro de juventud*, Richard Brooks, 1962).

Tomé parte en todo aquel infierno solo para que esta mañana Bosley Crowther pudiera escribir que parecía como si posara para un monumento. Todo el tiempo estuve pellizcando a Johnny en el brazo y diciéndole «Por Dios, ¿cómo puedes dejarme hacer esto?». De todas formas, a nadie le importa lo que llevaba puesto o lo que dije. Todo lo que querían saber es si estaba bebida y si me mantenía derecha. Este es el último circo. ¡No soy una puta! ¡No soy temperamental! Estoy asustada, pequeño. *Asustada.* ¿Es posible que puedas entender lo que es sentirse asustada?

Se subió las mangas por encima de los codos y se sirvió otras dos copas. De cerca, nada en su aspecto sugiere la vida que ha llevado: conferencias de prensa con acompañamiento de luces opacas y orquesta; toreros publicando en la prensa poemas sobre *ella*; fricciones de vaselina entre sus pechos para realzar el escote; recorriendo incansablemente toda Europa como una mujer sin *patria*, una Pandora con sus maletas llenas de coñac y bares Hershey («para rápida reposición de energías»). Ninguno de los asolados, ruinosos rasgos color de uva sugieren los amoríos o las reyertas que atraen a la policía en medio de la noche o los bailes en tablados de Madrid hasta el amanecer.

Suena el timbre de la puerta y un chico de cara granujienta y peinado a lo Beatle entrega una docena de perritos calientes traídos de Coney Island en limousine. «Come», dice Ava, sentándose con las piernas cruzadas en el suelo, mordiendo una cebolla cruda.

–¡Me estás mirando otra vez! –dice tímidamente, echándose cortos mechones juveniles de pelo detrás de los lóbulos de sus orejas de Ava. Señalo el hecho de que parece una estudiante de Vassar con su minifalda–. ¿Vassar? –pregunta con suspicacia–. ¿No son las que se meten en todos los líos?

–Eso es Radcliffe.

Ruge. De nuevo Alexandra del Lago.

–Me vi en *La Biblia* y salí esta mañana y me hice cortar el pelo. Esta es la forma en que solía llevarlo en la Metro. Quita años. ¿Qué es *eso*? –Los ojos se encogen, partiendo a su huésped por la mitad, perforando mi cuaderno de notas–. No me digas que eres una de esas personas que siempre van por ahí garabateándolo todo en pequeños pedazos de papel. Líbrate de eso. No tomes notas. Tampoco hagas preguntas porque probablemente no contestaré ninguna. Deja que mamá lo diga todo. Mamá conoce mejor al tinglado. Tú quieres preguntar algo, yo puedo responder. Pregunta.

Pregunto si odia todas sus películas tanto como *La Biblia*.

—Por Dios, ¿qué conseguí nunca hablando? Cada vez que intenté interpretar, se echaron sobre mí. Es una completa vergüenza, he sido estrella de cine durante veinticinco años y no he logrado nada, *nada* tangible a cambio. Todo lo que he conseguido son tres asquerosos exmaridos, lo cual me recuerda que tengo que llamar a Artie y preguntarle cuándo es su cumpleaños. No puedo recordar los cumpleaños de mi propia familia. La única razón de saber el mío es porque nací el mismo día que Cristo. Bueno, casi. Nochebuena, 1922. Soy Capricornio, lo que significa una vida *de infierno*, pequeño. De todas formas, necesito saber la fecha de nacimiento de Artie porque estoy tratando de conseguir un pasaporte nuevo. Vagabundeo por Europa, pero no voy a abandonar mi ciudadanía, pequeño, por *nadie*. ¿Intentaste alguna vez vivir en Europa y renovar tu pasaporte? Te tratan como si fueras una maldita comunista o algo así. Diablos, esa es la razón por la que me largo del infierno de España, porque «le» odio y odio también a los comunistas. Ahora quieren una lista de todos mis divorcios, así que les dije diablos, llamad al *New York Times*: ¡saben de mí más que yo misma!

—Pero todos esos años en la Metro, ¿no fueron nada divertidos?

—Por Dios, después de diecisiete años de esclavitud, ¿puedes hacerme esta pregunta? Lo odié, cariño. Quiero decir que no soy precisamente estúpida ni me falta sensibilidad, y ellos trataron de venderme como una bestia premiada en una feria de ganado. También trataron de convertirme en algo que no era y nunca hubiera podido ser. El estudio solía escribir en mis biografías que yo era hija de un plantador de algodón en Grabtown. ¿Qué tal te suena? Grabtown, Carolina del Norte. Y parece exactamente tal como suena. Debí haberme quedado allí. Los que nunca se van de casa no tienen dónde caerse muertos, pero son felices. Yo, mírame. ¿Qué me ha reportado? —Apura otra ronda de coñac y se sirve una nueva—. Solo soy feliz cuando no hago absolutamente nada. Cuando trabajo no paro de vomitar. No sé nada sobre interpretación, así que tengo una regla: confiar en el director y entregarme con el alma y la vida. Y nada más. (Otro rugido leopardino.) Tengo la mar de dinero, así que puedo permitirme gandulear mucho. No confío en mucha gente, así que ahora solo trabajo con Huston. Solía confiar en Joe Mankiewicz, pero un día en el plató de *The Barefoot Contessa*[1] hizo lo imperdonable. Me insultó. Dijo «Eres la actriz más condenadamente afectada», y desde entonces nunca me gustó. Lo que realmente quiero hacer es volverme a casar. Adelante, ríete, todo el mundo se ríe, pero qué maravilloso debe ser trajinar descalza y cocinar para un grandioso y maldito hijo de puta que te quiera por el resto de tu vida. Nunca he tenido un buen marido.

¿Y Mickey Rooney? (Un grito magnífico.) –Andrés Harvey se enamora.[2]

¿Sinatra? –Sin comentarios– le dice a su copa.

Cuento lentamente hasta diez, mientras sorbe su bebida. Entonces:

–¿Y Mia Farrow? –Los ojos de Ava se avivan hasta un suave verde césped. La respuesta llega como si cantidad de gatos lamiesen muchos platillos de crema–. ¡Ah! Siempre supe que Frank acabaría en la cama con un chico.

Como un tocadiscos automático que deja caer un nuevo LP, cambia de tema:

–Solo quiero hacer aquellas cosas que no me hacen sufrir. Mis amigos son más importantes para mí que cualquier otra cosa. Conozco a toda clase de personas –holgazanes, gorrones, intelectuales, unos cuantos estafadores–. Mañana iré a ver a un estudiante de Princeton y asistiremos a un *match* deportivo. Escritores. Me gustan los escritores. Henry Miller me envía libros para que me cultive. Diablos, ¿leíste *Plexus*? Fui incapaz de terminarlo. No soy una intelectual, aunque cuando estaba casada con Artie Shaw hice muchos cursos en la Universidad de Los Ángeles y saqué las notas más altas en Psicología y Literatura. Tengo cabeza, pero nunca tuve la oportunidad de usarla haciendo todos esos malditos papeles repugnantes de todas esas malditas películas repugnantes que la Metro produjo. Sin embargo, soy muy sensible. Dios, me apena mu-

1. *La condesa descalza* (1954).
2. Película protagonizada por Mickey Rooney en 1938.

cho pensar que malgasté estos veinticinco años. Mi hermana Dee Dee no consigue entender que después de todos estos años no pueda soportar estar delante de una cámara. Pero yo nunca aporté nada a este negocio y no tengo ningún respeto por la interpretación. Quizás si hubiera aprendido algo sería distinto. Pero nunca hice nada de lo que pueda estar orgullosa. Aparte de todas esas películas, ¿qué más puedo decir que he hecho?

–*Mogambo*,[1] *The Hucksters*[2]...

–Diablos, pequeño, si después de veinticinco años en este negocio todo lo que has conseguido hacer es *Mogambo* y *The Hucksters*, mejor que abandones. Cítame una actriz que haya sobrevivido a toda esa porquería de MGM. Quizás Lana Turner. Seguramente Liz Taylor. Pero todas ellas odian la interpretación tanto como yo. Excepto Elizabeth. Solía venir a verme al plató y me decía: «si solamente pudiera aprender a ser buena actriz», y pardiez que lo consiguió. No he visto *Virginia Woolf*[3] (diablos, *nunca* voy al cine) pero me han dicho que Liz está bien. Nunca me preocupé mucho de mí misma. No tuve el carácter emocional para interpretar y de todos modos odio a los exhibicionistas. ¿Y quién diablos estaba allí para ayudarme y enseñarme que interpretar era algo más? En realidad lo intenté en *Show Boat*,[4] pero eso fue una porquería MGM. Típico de lo que me hicieron allí. Quería cantar aquellas canciones (diablos, aún conservo un acento sureño) y de veras creí que el personaje de Julie debía sonar a negro, ya que se supone que tiene sangre negra. Por Dios, aquellas canciones, como «Bill», no podían parecer ópera. Entonces, ¿qué dijeron? «Ava, pequeña, no puedes cantar, te equivocarás de tono, en este film te codeas con verdaderos profesionales, así que no hagas una locura.» ¡Profesionales! ¿Howard Keel? ¿Y Kathryn Grayson, que tiene las tetas más grandes de Hollywood? Quiero decir que Graysie me gusta, es encantadora, ¡pero con ella ni siquiera necesitaban rodar en 3-D! Lena Horne me dijo que fuera a ver a Phil Moore,

1. (John Ford, 1953.)
2. (Jack Conway, 1947.)
3. (Mike Nichols, 1968.)
4. *Magnolia* (George Sidney, 1951).

que era su pianista y había formado a Dorothy Dandridge, y me dio lecciones. Hice una grabación condenadamente buena de las canciones y dijeron: «Ava, ¿estás loca?». Entonces llamaron a Eileen Wilson, esa chica que solía cantar muchas de mis canciones en la pantalla, y *ella* grabó una banda sonora con la misma orquestación, tomada de la *mía*. Sustituyeron mi voz por la suya, y ahora en la película cuando mi deje sureño termina de hablar, su voz de soprano empieza a cantar (diablos, qué lío). Gastaron Dios sabe cuántos miles de dólares y terminó en una porquería. Todavía gano derechos de autor de los malditos discos que hice.

Suena el timbre de la puerta y aparece de un salto un hombre llamado Larry. Larry tiene el pelo plateado, las cejas plateadas y sonríe mucho. Trabaja para una tienda de cámaras de Nueva York.

–Larry estaba casado con mi hermana Bea. Si piensas que soy algo debes ver a Bea. Cuando yo tenía dieciocho años, vine a Nueva York a visitarlos y Larry me hizo aquella foto con que empezó todo este fregado. Es un hijoputa, pero me gusta.

–Ava, te aseguro que me gustaste mucho anoche en *La Biblia*. Estabas realmente formidable, querida.

–¡Asqueroso! –Ava se sirve otro coñac–. No quiero oír otra palabra sobre esa maldita *Biblia*. No me creí *nada* y ni por un momento me creí ese pequeño papel mío de Sara. ¿Cómo pudo nadie estar casado cientos de años con Abraham, que fue uno de los mayores bastardos de toda la historia?

–Oh, querida, era una mujer maravillosa aquella Sara.

–¡Estaba cargada de puñetas!

–Oh, querida, no debes hablar así. Dios te oirá. ¿No crees en Dios? –Larry se nos une en el suelo y mordisquea un perrito caliente, manchándose la corbata con mostaza.

–Diablos, no. –Los ojos de Ava brillan.

–Yo le rezo cada noche, querida. A veces incluso me contesta.

–A mí nunca me contestó, pequeño. Nunca estuvo cerca cuando le necesité. No hizo nada, pero retorció toda mi vida desde el día que nací. ¡No *me* hables de *Dios*! ¡Lo sé todo de ese chico!

De nuevo el timbre de la puerta. Esta vez entra un tipo intrigante; lleva una gabardina bien planchada, tiene siete kilos de pelo, y parece que haya estado viviendo de verduras de plástico. Dice que es estudiante de Derecho en la Universidad de Nueva York. También dice que tiene veintiséis años.

–¿Qué? –Ava se quita las gafas para verle mejor–. Tu padre me dijo que tenías veintisiete. ¡Alguien miente! –Los estrechos ojos de Ava y las palmas de sus manos están húmedos–. Vamos a tomar un poco el aire, amigos. –Ava va de un salto a su habitación y vuelve llevando una chaqueta verde guisante de la Marina, con un pañuelo de Woolworth en la cabeza. De nuevo la estudiante de Vassar.

–Creía que ibas a cocinar esta noche, querida –dice Larry, poniéndose una manga de su chaqueta.

–Quiero spaghettis. Vamos a la Supreme Macaroni Company. Allí me dejan entrar por la puerta de atrás y nadie reconoce nunca a *nadie*. Spaghettis, pequeño. Estoy muerta de hambre.

Ava cierra de un portazo, dejando todas las luces encendidas. «Paga la Fox, pequeño.» Nos cogemos todos del brazo y seguimos al líder. Ava salta delante nuestro, como Dorothy camino de Oz. *¡Leones y tigres y osos, caramba!* Moviéndose como un tigre a través de los salones del Regency, derritiéndose en un color rosa cálido, como el interior de un útero.

–¿Aún está abajo el hormiguero? –pregunta–. Seguidme.

Conoce todas las salidas. Bajamos en el ascensor del servicio. Cerca de veinte cazadores de autógrafos pueblan el vestíbulo. Celia, reina de los sablistas de autógrafos, que solo en ocasiones especiales abandona su puesto en la puerta de Sardi, ha desertado hoy. *Ava está en la ciudad esta semana.* Celia está sentada tras una palmera plantada en un tiesto, lleva un abrigo púrpura y una boina verde, los brazos repletos de postales dirigidas a sí misma.

Hace fresco.

Ava se abriga, coloca las gafas aplastadas contra su nariz y tira de nosotros a través del vestíbulo. Nadie la reconoce.

–¡La hora de beber, pequeño! –susurra, empujándome hacia una escalera lateral que desciende al bar del Regency.

–¿Sabes quién fue *eso*? –pregunta una figura al estilo de Iris Adrian, con una piel de zorro teñida de visón en su brazo, al dirigirse Ava hacia el bar. Nos deshacemos de abrigos y paraguas y de repente oímos la voz de la banda sonora, desafinando en mi bemol.

—¡Hijoputa! Podría comprarte y venderte. ¿Cómo te *atreves* a insultar a mis amigos? ¡Traedme al director!

Larry está a su lado. Dos camareros sosiegan a Ava y nos conducen a todos a un reservado situado en un rincón. Oculto. Más oscuro que el Polo Lounge. Esconded a la estrella. Esto es Nueva York, no Beverly Hills.

—La culpa es de ese suéter de cuello alto que llevas —me susurra Larry cuando el camarero me hace sentar de espaldas a la estancia.

—Aquí no me quieren, los hijos de perra. Nunca vengo a este hotel, pero paga la Fox, luego ¿qué diablos? De otro modo no vendría. Ni siquiera tienen una jukebox por el amor de Dios.

—Ava luce una sonrisa en Metrocolor y se hace servir un gran vaso de té con hielo lleno de tequila—. Sin sal en los bordes. No hace falta.

—Siento lo del suéter —empiezo a decir.

—Eres guapo. ¡Gr-r-r! —Se ríe con su risa de Ava, echando hacia atrás la cabeza, y una pequeña vena azul se le dibuja en el cuello, cual delicado trazo de lápiz.

Dos tequilas más tarde («*dije* sin sal») mueve la cabeza majestuosamente, supervisando el bar como la Emperatriz viuda en la Escena del Reconocimiento. A su alrededor la conversación zumba como aleteo de colibrí, y ella no oye nada. Larry habla de cuando estuvo detenido en Madrid y Ava tuvo que sacarle de la cárcel, el estudiante me habla sobre la Facultad de Derecho de Nueva York y Ava le dice a él que no se cree que tenga solo veintiséis años y pueda demostrarlo, y de repente este mira su reloj y dice que Sandy Koufax está jugando en San Luis.

—¡Estás bromeando! —Los ojos de Ava se encienden cual cerezas en un pastel—. ¡Vamos! ¡Maldición, vamos a San Luis!

—Ava, querida, mañana tengo que ir a trabajar. —Larry pega un largo sorbo a su grasshopper.

—Cállate, chico. ¡Si pago para ir todos a San Luis, vamos a San Luis! ¿Podría traerme un teléfono a esta mesa? Que alguien llame al aeropuerto Kennedy y averigüe a qué hora sale el próximo avión. ¡*Me gusta* Sandy Koufax! ¡*Me gustan* los judíos! Dios, a veces pienso que yo misma soy judía. Una judía española de Carolina del Norte: *¡Camarero!*

El estudiante le convence de que para cuando llegáramos a San Louis ya estarían a mitad del séptimo juego. La cara de Ava decae y vuelve a su tequila puro.

–Míralos, Larry –dice–. Son como niños. Por favor, no vayáis a Vietnam. –Su cara se vuelve cenicienta. Julie al abandonar el buque fluvial con William Warfield, cantando «Ol' Man River» entre la niebla del malecón–. Tenemos que hacerlo...

–¿De qué estás hablando, querida? –Larry lanza una mirada al estudiante de Derecho, que asegura a Ava no tener intención de ir a Vietnam.

–... no pedimos este mundo, esos tipos nos obligan a hacerlo... –Una diminuta gota de sudor brota de su frente y ella se levanta de la mesa impetuosamente–. ¡Dios mío, me asfixio! ¡Salgamos a tomar un poco de aire!

Vuelca el vaso de tequila y tres camareros vuelan hacia nosotros como murciélagos, haciendo gran ruido con pies y manos y resoplando.

¡Acción!

El estudiante neoyorquino de Derecho, haciendo de Chance Wayne para su Alexandra del Lago, se comporta como una adiestrada Nurse. Los abrigos salen volando del guardarropa. Cuentas y monedas ruedan sobre el mojado mantel. Ava está al otro lado del bar y pasada la puerta. En cola, los demás clientes, que han estado buscando excusas al pasar por nuestra mesa para ir al lavabo, de repente profieren a coro grandes trémolos de «Ava» y nosotros salimos a la calle por la puerta lateral, bajo la lluvia.

Entonces todo termina tan rápidamente como empezó. Ava está en medio de Park Avenue, el pañuelo cae alrededor de su cuello y su pelo flota alborotadamente sobre sus ojos de Ava. Lady Brett[1] entre el tráfico, con un autobús urbano a guisa de toro. Tres coches se paran en un semáforo verde y todos los taxistas de Park Avenue se ponen a tocar el claxon. Los cazadores de autógra-

---

1. Protagonista de la novela de Hemingway *Fiesta*, cuya versión cinematográfica protagonizó A. G. en 1957.

fos salen con ímpetu por las lustrosas puertas del Regency y empiezan a chillar. En el interior, aguardando aún tranquilamente tras la palmera, está Celia, abstraída del ruido, mirando hacia los ascensores, agarrando firmemente sus postales. Ninguna necesidad de arriesgarse a perder a Ava por causa de una pequeña conmoción en la calle. Probablemente Jack E. Leonard o Edie Adams. Los pescaremos la semana que viene en Danny's.

Fuera, Ava está dentro de un taxi, escoltada por el estudiante de Derecho y Larry, dando sonoros besos al nuevo compañero, que nunca llegará a ser un compañero viejo. Ya están doblando la esquina de la calle 57, desvaneciéndose en esa clase de noche, ese color de zumo de tomate en los faros delanteros, que solo existe en Nueva York cuando llueve.

–¿Quién era? –pregunta una mujer que pasea un perro de aguas.

–Jackie Kennedy –contesta un hombre desde la ventanilla de su autobús.

TERRY SOUTHERN: de
A LA RICA MARIHUANA Y OTROS SABORES

Terry Southern era uno de los redactores de Esquire, *y aún no se le conocía como novelista cuando escribió «Bastoneando en Ole Miss». Fue el primer ejemplo que yo descubrí de una forma de periodismo en la que el reportero empieza preparando un artículo de encargo («Ve a Mississippi y entérate de lo que ocurre cuando quinientas bastoneras púberes se enfrentan en competencia formal») y acaba escribiendo una curiosa forma de autobiografía. No se trata de autobiografía en el sentido usual, porque el escritor se ha puesto en situación sin otro motivo que el de escribir algo. El presunto tema (verbigracia, las majorettes) acaba por ser puramente casual, y cuando el escritor se las ingenia para hacer tan fascinantes sus reacciones, al lector se le olvida. Hunter Thompson es el maestro de esta forma, a la que denomina Periodismo Gonzo. T. W.*

Bastoneando en Ole Miss

En una época que transcurre a través del complejo de interdependencias burocráticas, con su tedioso laberinto de especializaciones técnicas, cada contingente tras el siguiente, y todos pretendiendo converger en una única totalidad de sentido, sin duda es un momento de respiro cuando se da con un área del comportamiento humano absolutamente autosuficiente, pura y libre, sin compromiso alguno: el apreciado y casi olvidado *l'art pour l'art*. Tal es el trabajo que se viene desarrollando en estos momentos en

95

el Dixie National Baton Twirling Institute,[1] en el campus de Ole Miss, una visita que bien merece la pena de realizar en estos días, si uno es capaz de mantener su presencia de ánimo. En mi caso era el primer viaje al Sur en muchos años, y me sentía debidamente receloso. En primer lugar, el Instituto está situado justo a las afueras de Oxford, Mississippi, y por una grotesca coincidencia el funeral de Faulkner había tenido lugar tan solo el día anterior a mi llegada, añadiendo una siniestra aura surrealista a la naturaleza de mi cometido... a saber, realizar un reportaje en el Baton Twirling Institute. ¿Bastaría con recurrir al gangueo de Texas y a la impasibilidad de mi juventud para salir del paso?

Al llegar a Oxford, en un caluroso mediodía de julio, después de las tres horas de viaje en autobús desde Memphis, descendí delante del viejo Hotel Colonial y anduve sin rumbo fijo a través de la dormida plaza hacia el único signo de vida a mano: la proverbial fila de hombres en mangas de camisa sentados en unos bancos delante del juzgado del condado, una especie de jurado permanente.

–Buenas –dije, adoptando un aire natural, sonriendo amigablemente–. ¿Dónde está el Instituto?

El más próximo me miró estrechamente: aquí son rápidos para reconocer al forastero, pero algo lentos para entenderlo. Uno se vuelve al otro:

–¿Qué es lo que dice, Ed?

Big Ed abandona su modorra, lanza un chorro largo de saliva en el polvo, lo mira reflexivamente antes de fijarse de nuevo en mí con fríos ojos de color azul metálico.

–Creo que quiere decir. ¿En dónde está el Instituto? ¿No, forastero?

Al lado de los bancos y aproximadamente a tres pies de distancia, hay dos fuentes públicas, y me doy cuenta de que la que está descaradamente marcada «Para gente de color» se alza directamente bajo la sombra del símbolo de la Justicia de la fachada del juzga-

---

1. Con el término *Baton Twirling* se designan los diversos movimientos que realizan con su bastón las majorettes.

do; para ser introducido más tarde desde luego, en mi cuaderno de escritor, bajo «metáforas, socioclaroscuros, despreciable».

Tras recibir instrucciones (bastante tortuosas, pensé, más bien siendo alejado por lo que creí entender como una fugaz referencia al «caso Till») decidí tomar un taxi, habiendo visto precisamente a uno aparcado en el lado opuesto de la plaza.

–¿Qué está más cerca –pregunté al conductor– la casa de Faulkner o su tumba?

–Pues –dijo sin levantar la mirada– en este momento, si fuese a llevar a alguien allí, tendría que estudiarlo un poco, pero a primera vista le puedo decir que ambas están puñeteramente igual de cerca, alrededor de diez minutos de donde estamos sentados y a cincuenta centavos cada una. Están en direcciones opuestas.

Percibí la dudosa ironía de ir desde cualquiera de ellas al Baton Twirling Institute y por eso decidí ir al Instituto primero y comenzar el reportaje.

–A propósito –pregunté después de que hubiésemos arrancado–. ¿Dónde se puede conseguir un trago de whisky por aquí? –Me había acordado de pronto de que Mississipi es un Estado seco.

–En un sitio en el límite del condado –dijo el conductor– a unas dieciocho millas; le cuesta cuatro dólares por el viaje, ocho por la botella.

–Ya veo.

Giró la cabeza, echándome una mirada curiosa.

–A menos, claro, que quiera probar un poco de nigger-pot.

–¿Nigger-pot? ¡Santo Dios, sí, hombre! –dije equivocándome tremendamente, ¡vamos![1]

Pronto se reveló, por supuesto, que estaba hablando del incoloro whisky de maíz elaborado clandestinamente en la región, también conocido como el «relámpago blanco». Empecé a poner pegas, pero como estábamos ya en medio del barrio de color, creí mejor continuar con ello. ¿Por qué no empezar la estancia con una genuina experiencia Dixieland, el tradicional jarro de licor de maíz?

1. El término *pot* se emplea también para designar a la marihuana. *Nigger-pot* podría significar «marihuana del negro» o «hierba del negro».

Tal como sucedió, el destilador y su mujer estaban en el campo cuando llegamos a la casa, o mejor dicho cabaña, en donde fuimos atendidos por un niño negro de alrededor de nueve años.

–Aquí hay un lote muy bueno –dijo, revolviendo dentro de un cajón lleno de leña y sacando garrafas sin etiqueta.

El taxista, que había entrado conmigo, ladeó su cabeza y soltó una risa corta, como para demostrar que no nos impresionábamos fácilmente.

–¡Cómo, niño! –dijo–, no creí que fueras un bebedor.

–No señor, no soy un bebedor, pero seguro que sé cómo se supone que sabe; esto es porque a veces no hay nadie aquí al que tenga que *vigilar*, y tengo que *probarlo* también, para ver si funciona correctamente. Probablemente perderíamos el lote completo si yo no supiese cómo sabe. Todos deben probarlo –añadió, sujetando una de las botellas y agitándola en mi rostro feliz–. ¡Ya verá como es un buen lote!

Bueno, tenía un sabor bastante agradable, un poco indefinido quizás, pero lleno de calor y con cuerpo. Y no pude dejar de admirar la dignidad que el joven muchacho puso en su oficio. No es frecuente en estos tiempos, especialmente en los niños de nueve años. De modo que compré un par de botellas y el taxista compró una, y partimos finalmente hacia el Instituto.

El Dixie National Baton Twirling Institute imparte sus clases en una inmensa, inclinada y mágica arboleda en el campus de Ole Miss, y parece algo de otra época. Las clases habían comenzado ya cuando descendí del taxi, y el panorama silvestre que se extendía ante mí, alrededor de setecientas chicas, todas ninfas y ninfitas, divirtiéndose ruidosamente con sus bastones e indumentaria reducida bajo el follaje de los olmos, era una visión que hacía perder los sentidos y acelerar la sangre. ¡No había más que vestirse de sátiro y lanzarse salvajemente sobre ellas! Pero no, tenía que continuar con este trabajo, reportaje objetivo, seco, de hecho un simple trabajo de burro. Decidí que el procedimiento correcto era conseguir primero algún material de fondo, y para ello fui en busca de Don Sartell, «Mister Baton» en persona, director del Instituto. Mr. Sartell es un elegante y atractivo hombre joven del norte de la línea Mason-Dixie, en armonía perfecta con las necesidades de los jóvenes y, aunque no sea imprescindible mencionarlo, extremadamente hábil *avec les doigts.* (A modo de demostración de esto último superó un curso de mecanografía de un año de duración en seis días escasos, o puede que hayan sido seis horas, creo recordar que era una realización impresionante y bien documentada.)

–El Baton Twirling –me dice sin vacilar– es el segundo movimiento en extensión de chicas jóvenes en América, siendo el primero, por supuesto, las Girls Scouts –(viejo zorro, comprobé eso más tarde. Correcto)–. La popularidad del Baton Twirling tiene una triple justificación: 1) es un deporte que puede ser practicado en solitario, 2) no requiere, como otros deportes solitarios (vela, esquí, caza, etc.) equipos caros, y 3) tampoco requiere, como los mencionados anteriormente, desplazamientos, sino que, por el contrario, puede practicarse en el propio salón o patio.

–De acuerdo –dije–, hasta aquí todo claro, Mister Baton, pero ¿qué me dice de las razones intrínsecas? Quiero decir, ¿cuál es la finalidad de todo ello?

–El objeto, aparte de la simple satisfacción de dominar una disciplina compleja y altamente elaborada, es el desarrollo de la autoconfianza, equilibrio, ambidexteridad, coordinación disciplinada, etc.

Le pregunté si gustaría de un trago de nigger-pot. Declinó graciosamente; no bebe ni fuma. Mi lugar, decidí, está en la arboleda, con las fabulosas chicas, así que preparándome mi ejemplar de seiscientas páginas y ocho dólares del *Quién es quién en el Baton Twirling*, abandoné al excelente sujeto y me dirigí hacia la escena silvestre de abajo, preparado para todo.

El desarrollo del Baton Twirling americano es paralelo a la historia de la emancipación de nuestras mujeres. Una versión más grande de este bastón (de metal con un puño en el extremo) se utilizó al principio, claro, para dirigir bandas de marchas militares, o, antes que esto, cuerpos de tambores, siendo manipulado con un recto, sencillo, dum-di-dum, arriba y abajo. La idea de *girarlo*, y posteriormente incluso *lanzarlo*, es una deliciosa idea de las chicas.

Hoy en día, entre las más vivamente interesadas en dominar esta habilidad se encuentran las majorettes de los institutos y universidades del Sur y del Medio Oeste, todas las cuales tienen grandes bandas y grupos de majorettes que compiten durante los descansos en los partidos de fútbol. En el Sur, a nivel de enseñanza superior, se destina casi tanto presupuesto y entrenamiento a estos grupos como al propio equipo de fútbol, y a las promesas y a las que demuestran talento en el campo se les conceden becas similares. Las chicas que aspiran a convertirse en majorettes, y este es el *status* más distinguido que puede conseguir una chica en un campus del Sur, vienen al Instituto para un entrenamiento preescolar. O, si son ya majorettes, vienen a perfeccionar su técnica. Muchas envían a una chica, o a un pequeño grupo de ellas, al Instituto para aprender las últimas realizaciones de modo que puedan regresar y enseñar al resto del grupo lo que han aprendido. Otras continúan entrenándose para ser profesionales y profesoras de Baton Twirling. Muchas de estas chicas vienen cada año; hablé con una de Honey Pass, Arkansas, una verdadera monada que había estado aquí ocho años consecutivos desde que tenía nueve años. Cuando le pregunté si le gustaría un trago de pot, replicó de modo impertinente: «¡N... O... que se escribe NO!». Las chicas así son generalmente material de campeonato, lanzadas hacia los Nacionales.

Las pruebas para determinar el grado de excelencia se celebran regularmente bajo los auspicios de la National Baton Twirling Association, y son de las siguientes miríadas de categorías: *Solo Avanzado, Solo Intermedio, Solo Principiantes, Pavoneo, Pavoneo Principiantes, Marcha Militar, Bandera, Dos Bastones, Bastón de Fuego, Dúo, Trío, Equipo, Cuerpo, Muchachos, Fuera de Serie*, y otros. Cada división está además subdividida por edades: 0-6, 7-8, 9-10, 11-12, 13-14, 15-16, 17 y más. El vencedor de cada categoría recibe un trofeo, y los primeros cinco clasificados reciben medallas. Esto contribuye bastante al reparto de quincalla en una sesión, tal que una persona en el juego del Baton Twirling no puede ir muy lejos sin al menos un reconocimiento simbólico, y la carrera general para acceder al *Quién es quién* (ocho trofeos, setenta y tres medallas) haría parecer a alguien como Audie Murphy groseramente descuidado. Las reglas de la competición, sin embargo, están determinadas exactamente. Cada participante aparece en solitario ante un juez y un calificador, la chica realiza sus movimientos durante un tiempo minuciosamente detallado. En Solo Avanzado, por ejemplo, la intervención debe tener una duración de no menos de dos minutos y veinte segundos y no más de dos y treinta. Se puntúa sobre las cualidades generales referentes a su grado de habilidad, incluyendo sus *facultades de showman*, *la velocidad* y las *caídas*, estas últimas, por supuesto, puntuando en contra, aunque no tanto como cabría suponer. Las tarifas de inscripción son de cerca de dos dólares por participante. Algunas chicas utilizan su pensión para pagarlas.

En la arboleda del Instituto, no muy distinta de la fabulosa Arcadia, los grupos están dispuestos entre los árboles según los varios grados de aprendizaje y con ligeros vestidos. El más grande, más al centro, y más vivo de estos grupos es el dedicado a la maestría del Pavoneo. La instrucción y práctica del Pavoneo se ejecuta con discos reproducidos por un sistema de altavoces y a un volumen más alto de lo normal, una especie de ritmo de rock con armonías de boogie-woogie. Los tres discos más empleados para esta clase son *Dixie*, *The Stripper* y *Potato Peel*, reproducidos primero a media velocidad, para aprender los movimientos, luego tocados a gran volumen en su tempo completo. El Pavoneo es, desde luego, uno de los movimientos corporales más fantásticos que pueda verse. La deliberada intensidad narcisista que requiere debe superar incluso a la de los bailaores de flamenco español. El Pavoneo de Alto Estilo (o todo-fuera) debe verse principalmente en el Sur, y a lo que más se parece es a un número de revista muy moderno, con las nalgas para adentro y las tetas para afuera. Es la clase de baile que uno asocia con las rubias teñidas cansadas y cubiertas de lentejuelas en sus tardíos treinta, pero Ole Miss, como es quizás muy sabido, está en el «terruño de las chicas bonitas», habiendo producido dos Miss América y varias aspirantes, y contemplar a cien de sus ninfitas practicar el Pavoneo, en trajes de baño, pantalones cortos y otras pequeñeces, es un desafío visual que supera todo lo que el Twist puede ofrecer al espectador.

La instructora del Pavoneo está de pie sobre una plataforma ligeramente elevada, frente a su clase, flanqueada por sus dos asistentas. Lleva gafas oscuras, pantalones cortos muy ceñidos, y aparenta ser de alrededor de 34-22-34. Es una *swinger* de Pensacola, Florida, antigua campeona Nacional Junior y Miss Majorette de América, ahora pasada al campo profesional. Cuando no está en el Dixie Institute en la Universidad de Mississippi, o algún sitio similar, da clases particulares en su propio estudio, a seis dólares la hora y conduce un Cadillac descapotable.

En cuanto a otros aspectos, más académicos, del Baton Twirling, tuvo lugar una exhibición la primera noche por parte de algunos miembros del cuadro de profesores, todos campeones y sin duda alguna muy habilidosos.

La instrucción en velocidad y manipulación es un proceso largo y para romper los nervios. Hay algo casi demencial sobre la cantidad de dedicación absoluta y perseverancia que se debe emplear en conseguir tan solo un grado nominal de excelencia, y la práctica de cuatro horas al día no es infrecuente. En el sentido existencial, puede considerarse muy bien como el epítome final del absurdo, quiero decir, la gente muriéndose de hambre en la India y esa clase de cosas, y estas otras empleando cuatro horas al día en lanzar hábilmente una barra de metal, *ça alors!* En cualquier caso, ahora ya se ha convertido en un arte altamente desarrollado y en un movimiento muy organizado, lo que no significa que haya alcanzado su plena madurez. Por una razón: no ha sido formalizada completamente una nomenclatura, aquello que denota la madurez de un arte. Teóricamente, por último, habría un límite al posible número de manipulaciones, cada una de las cuales podría ser diferenciada completamente de las demás, es decir, un repertorio que permanecería uniforme y sin cambios durante un período de tiempo. El arte del Baton Twirling no ha llegado aún a ese nivel, y las innovaciones surgen con tal frecuencia que hasta el presente no existe un sencillo manual, ni ningún cuerpo de doctrina sobre el tema. Sin duda esto es debido en gran parte a la relativa novedad de este arte sin un pasado grande e intenso en actividad; el Dixie National Baton Twirling Institute, por ejemplo, fue fundado en una fecha tan reciente como 1951. La continua evolución de este arte como un todo se refleja en los nombres de varias de las manipulaciones. Al lado de designaciones normales (o clásicas), como *arabesco, tour-jeté, balanceo*, etc., existen otras de sabor más exótico o moderno: *murciélago, walk-over, pretzel* y similares... y todo, viejo o nuevo, requiriendo incontables horas de práctica.

Durante la exhibición de Baton Twirling entablé conversación con una pareja de estudiantes graduados en Derecho, y más tarde fui con ellos a la cafetería del campus, «El Diablo Rebelde» –aquí casi todos los establecimientos ostentan la palabra *rebelde*– y mantuvimos una interesante charla. Ole Miss se enorgullece, entre otras cosas, de tener la única facultad de Derecho en el Estado que esté acreditada por la Asociación Americana de Abogados, de modo que estos estudiantes graduados en Derecho no dejaban de representar sin pretensión alguna un cierto nivel más avanzado en relación con el resto de la comunidad de colegiales. Eran jóvenes elegantes de veintitantos años, vestidos con trajes de verano de corte distinguido. Como respuesta a una pregunta mía hablamos sobre Derecho Constitucional durante diez minutos antes de apercibirme de que estaban hablando sobre Derecho Constitucional del *Estado*. Cuando quedó claro a lo que me dirigía, sin embargo, fueron rápidos en afrontar el problema de Reno.

–Nosotros nunca tuvimos aquí problema negro –dijo uno de ellos, meneando la cabeza tristemente. Era un joven serio que llevaba gafas y tenía el aspecto de un estudiante de Teología de Harvard–. Simplemente *no eran* un problema; no lo eran hasta que esos *a-gi-ta-do-res* llegaron aquí y comenzó todo este jaleo de los disturbios.

Estaban particularmente molestos sobre los posibles «conflictos, y quiero decir conflictos reales» que se ocasionarían por la tentativa de inscripción de un estudiante negro (James Meredith) que estaba tratando de conseguir plaza bastante pronto, de hecho durante esa misma temporada veraniega. Como es lógico, las autoridades se encargaron de retrasarla; sin embargo, conseguí un preestreno de los sucesos posteriores.

–Como que la primera noche que pase aquí encontrarán *droga* en su cuarto –dijo el otro estudiante– droga, una pistola, algo, cualquier cosa, ¡simplemente dejada y encontrada allí! ¡Y será expulsado!

Me aseguraron que ellos estaban muy por encima de esta clase de cosas y, de hecho, estaban hablando como personas maduras y no-violentas.

–Pero ahora estos jóvenes ingraduados están muy exaltados. Porque, ¿sabe cómo se sienten?, ¿lo que dicen?

En ese momento, con la melodía John Brown's Body los dos estudiantes graduados en Derecho empezaron a cantar, casi simultáneamente: «Oh, enterraremos a todos los negros en el barro del Mississippi...» y aunque cantaban en voz alta tuve la sensación de que estaban hablando así, quiero decir, como si estuvieran argumentando simplemente un punto de una conversación determinada, o quizás estaban extasiados momentáneamente. En cualquier caso y a pesar de un terrible esfuerzo de resistente objetividad zen, el incidente me dejó en cierto modo deprimido, así que me retiré pronto a mi acogedora habitación de la Residencia de Graduados en donde sorbí el blanco licor de maíz y vi la televisión. Pero no estaba destinado a escapar tan fácilmente, ya que de repente, ¿quién no podría aparecer en la pantalla sino el viejo gobernador Faubus en persona?, en una emisión de campaña gubernamental, con alrededor de seis tics faciales en marcha, y tragando agua convulsivamente tras cada pausa, tosiendo, escupiendo, y en general pareciendo tan loco como una cabra. Al principio lo confundí con una burda parodia de mal gusto. No podía, pensé, ser Faubus realmente, porque ¿por qué la televisión transmitiría una campaña por las primarias de Arkansas en Mississippi? Seguramente no solo para reírse. Más tarde averigüé que así como hay en televisión unas emisiones de alcance nacional para cubrir acontecimientos de importancia nacional, también existe una cosa tal como una emisión para el Sur.

El horario mimeografiado del Instituto, del que había recibido una copia, indicaba para el día siguiente, así:

7:30	Arriba y a ellos.
8-9	Desayuno – Cafetería de la Universidad.
9-9:30	Reunión, Entrenamiento, Revista – Arboleda.
9:30-10:45	Clase n.° 4.
10:45-11:30	Relax – Tomar notas.
11:30-12:45	Clase n.° 5.
1-2:30	Almuerzo – Cafetería de la Universidad.
2:30-4	Clase n.° 6.
4-5:30	Natación.
6:30-7:30	Cena – Cafetería de la Universidad.
7:30	Baile = Campo de Tenis.
11	Inspección de las habitaciones.
11:30	Apagar las luces (SIN EXCEPCIONES).

El «Arriba y a ellos» parecía bastante enérgico, así como el «SIN EXCEPCIONES» en pesadas mayúsculas, pero el resto no era muy prometedor, de modo que, tras una taza de café por la mañana, me dirigí a la biblioteca, tan solo para ver si realmente tenían algún libro allí, quiero decir, otros libros aparte de los de Derecho Constitucional. Los tenían, por supuesto, y estaban en un edificio bastante moderno y confortable, también con aire acondicionado (como tenía, incidentalmente, mi habitación en la Residencia de Graduados) y bien iluminado. Tras echar un vistazo, abrí cuidadosamente un ejemplar nuevo de la primera edición de *Luz de agosto* y encontré garrapateado en la portada «amante de los negros». Decidí que debía tener una racha de mala suerte, ya que pocos minutos más tarde volví a sufrir otro trauma menor en las escaleras de la biblioteca. Tuve uno de estos toques de ironía que a veces ocurren en la vida real, pero que no pueden utilizarse nunca en la ficción; había borrado de mi mente el incidente de la portada y estaba sentado en las escaleras de la biblioteca, fumando un cigarrillo, cuando un caballero muy amable de mediana edad se detuvo al pasar para hacer una observación sobre el tiempo (102 °F) y para inquirir de una manera oblicua y cortés sobre la naturaleza de mi visita. Era un hombre inmaculado, de cara sonrosada, con quevedos sujetos con una cadena de plata a su solapa, con las uñas pulidas hasta brillar, que llevaba una elegante cartera de piel y un par de textos de literatura inglesa que descansó momentáneamente en la balaustrada mientras continuaba sonriéndome con lo que parecía una extraordinaria felicidad.

–Vaya, que digan que miento si no es un día muy caluroso –dijo, agitando un resplandeciente pañuelo de lino blanco y tocándose cuidadosamente la frente– ... ¡e imagino que todos ustedes los del Norte –añadió con un guiño– lo encontrarán más caluroso aún!

Entonces empezó a hablar bastante abruptamente de la «tolerancia natural» de la gente de Mississippi, expresándose en alegres tonos objetivos de lo que estaba convencido que era, incluso para él, una fuente inagotable de misterio y delectación.

–No se meta en los asuntos de nadie sino en los suyos propios –dijo, sonriendo y asistiendo con la cabeza; y se me ocurrió que, del modo como sonreía, podía ser una especie de extraña amenaza oscura; pero no, era evidentemente en tono amistoso–. ¡Vive y deja vivir! ¡Así es como siente la gente de Mississippi... así ha sido siempre! Porque, mire a William Faulkner, con todas sus ideas y viviendo todo el tiempo precisamente aquí en Oxford y sin que nadie lo molestase, simplemente dejándole ir por su camino, porque ¡incluso le dejaron enseñar aquí en la Universidad un curso! ¡Es cierto!, ¡lo sé!, ¡vive y deja vivir, está claro!, ¡ya lo comprobará usted ahora! –Y su rostro continuaba siendo una brillante máscara de jovialidad, cuando levantó a medias su mano en señal de despedida y se alejó apresuradamente. ¿Quién era este extraño educador feliz? ¿Era él quien había desfigurado la portada? Su concepto de la tolerancia y su general hilaridad merecían una pausa. Me dirigí de vuelta a la arboleda, esperando recuperar algo de equilibrio. Allí las cosas parecían seguir un proceso bastante similar al de siempre.

–¿Crees que tu vestido te facilita el trabajo? –pregunté al primer guisante de Georgia de diecisiete años que me crucé, que llevaba puesto algo así como una bandera confederada del tamaño de un pañuelo.

–*Claro* que sí –asintió, con amigable énfasis, estirándose la blusa y ajustándosela un poco más, y siguiendo hablando con esa extraña inflexión creciente peculiar de las chicas del Sur, que hace que las partes de una respuesta suenen como una pregunta–: Porque en casa, cerca de Macon... ¿Macon, Georgia? ¿En la escuela Robert E. Lee? ¡Tenemos estos equipos con *borlas*! ¿Y una pequeña falda roja y oro?... esas, ya sabes, ¿especie de *acampanadas*? Bueno, ahora son terriblemente bonitas, y desde luego son *cortas* y todo eso, pero ¡te aseguro que estas borlas y esta falda me las he encontrado sobre la marcha!

El resto del día lo pasé sin incidentes fatales, observando durante un rato la plataforma de Pavoneo y retirándome luego a descansar hasta la hora del baile, y quizás atrapar a Faubus otra vez en la tele.

El baile tenía lugar en una pista de tenis enmaderada al aire libre, y era una cuestión de ritmo. El estilo popular de baile en el Sur blanco está siempre más avanzado que el del resto de la América blanca; y en cualquier momento parece más próximo a lo que está ocurriendo al mismo tiempo en Harlem, que es invariablemente el que va en cabeza de lo que luego será la moda nacional. Me divertí con ello, de pie cerca de la línea de fondo de la pista y (en vista de los sucesos del día) llegué hasta una interesante generalización: quizás *todas* las virtudes, o, digamos, rasgos positivos, que permanecen en el blanco sureño, folk song, habla poética, afecto ocasional y la simplicidad de las relaciones humanas, parecían derivar con mayor claridad de la cultura de color de aquí. Debido a mi tarea en la revista, no podía revelar mis hallazgos por el sistema de altavoces del baile –y, de hecho, creí mejor retenerlos completamente en mi mente y seguir con el reportaje– y, con este fin, realicé unos pocos bailes y más preguntas a las chicas. Su punto de vista sobre el mundo era bastante extraordinario. Para la mayoría, Nueva York era como otro país, sospechoso, remoto y de poca importancia en su amplio esquema de las cosas. Varias chicas hablaron animadamente de querer «salir en la televisión», pero siempre aclaraban que estaban hablando sobre programas producidos en Memphis. De hecho, Memphis era definitivamente la Meca, norma y *summum bonum*. A medida que transcurría la velada, cada vez encontré más difícil, a pesar de la abundancia de monadas a mano, de soportar esta escala de valores, y finalmente me decidí a cortar por lo sano. Hay que hacer constar también que las chicas en el Dixie National están bajo una vigilancia extremadamente cerrada tanto en la arboleda como fuera de ella. Al día siguiente di una última vuelta, esta vez fijándome especialmente en los métodos de instrucción de las técnicas avanzadas del giro: *1-2-3 gira el dedo, gira la muñeca, gira la cintura, gira el cuello*, etc. Una preciosa niña de alrededor de doce años estaba lanzando un bastón a sesenta pies de altura, un remolino de plata bajo el sol de Mississippi, y ella debajo dando vueltas como una patinadora de hielo, y atrapándolo por detrás sin haberse movido ni una sola pulgada. Dijo que lo había practicado una hora al día durante seis años. Su esperanza era convertirse en «la mejor que hay en el lanzamiento hacia arriba y vueltas» y ahora realizaba hasta siete vueltas completas antes de efectuar la recogida. ¿Había un límite en la altura y el número de vueltas que se podían realizar? No, ella creía que no.

Después del almuerzo hice el equipaje, me despedí del Dixie National y abordé el autobús de Memphis. Mientras atravesábamos la plaza de Oxford y pasábamos por delante del juzgado, vi que la fuente continuaba sombría, a pesar de que ahora era un par de horas más tarde que la vez que pasé anteriormente. Quizás esté siempre en la sombra, fría e invitadora, solo el verla haría que una persona tuviese sed.

NORMAN MAILER: de
LOS EJÉRCITOS DE LA NOCHE

Cada vez que un escritor de no ficción utiliza un punto de vista autobiográfico, se convierte a sí mismo en un personaje de la historia. Las posibilidades de que esto funcione aumentan cuando el escritor es realmente protagonista de los acontecimientos que describe. Cuando no lo es, el enfoque autobiográfico fracasa muchas veces. Los escritos de no ficción de Norman Mailer, que invariablemente asumen una postura autobiográfica, constituyen una buena ilustración de ambas partes de la regla.

Los ejércitos de la noche *es una auténtica autobiografía (y el único ejemplo de autobiografía que se incluye en este libro por las razones antedichas). Mailer no tomó parte en la marcha sobre el Pentágono de 1967 en calidad de reportero. Era uno de los principales participantes en la demostración y tal como suele ocurrir con las autobiografías solo después decidió escribir sobre ella (a instancias de Willie Morris, quien era entonces redactor-jefe de* Harper's*). Desde el momento en que, efectivamente, era uno de los principales personajes del acontecimiento, su punto de vista autobiográfico lo es desde dentro, y sus emociones y reacciones contribuyen a sugerir la realidad emotiva del acontecimiento mismo.*

*Mailer intentó emplear la misma técnica al escribir sobre el primer paseo lunar (*Un fuego en la luna*). ¿Por qué le dio tan pobre resultado? Porque esta vez no era, de hecho, un protagonista del acontecimiento, y su empleo de un punto de vista autobiográfico simplemente llevó a primer término una digresión torpe y tediosa,* videlicet, *él mismo. Los personajes principales del paseo lunar eran los tres astro-*

nautas en la cápsula espacial. La técnica autobiográfica de Mailer nunca consigue meter al lector dentro de la cápsula, ni mucho menos dentro del punto de vista o del sistema nervioso central de los propios astronautas. No solo es un fracaso como técnica, sino como reportaje. Mailer tiende a ser un reportero muy tímido, que no se decide a abandonar la seguridad del Caballero Literario en la Tribuna.

Los ejércitos de la noche, *por otra parte, es un libro lleno de* charme. *Su subtítulo es* La novela como historia; historia como la novela *y en las páginas que siguen se puede apreciar con qué premeditación Mailer, como hiciera Capote, ha tratado de crear el efecto de «igual que una novela». Su empleo del omnisciente aparte del narrador al lector crea un clima afectado, nostálgico y en conjunto agradable. Otro aspecto de la solidez del libro radica en su empleo de la forma autobiográfica en tercera persona, que por primera vez popularizó Henry Adams en* La educación de Henry Adams. *El protagonista ya no es «yo» sino «Mailer», un procedimiento que anula lo que no sería otra cosa que un molesto egocentrismo. En vez de eso, uno se identifica muy bien con el personaje «Mailer». Este procedimiento no funciona, sin embargo, a menos que el escritor se tome el trabajo de describir y desarrollar su propio personaje con, por lo menos, el cuidado que dedicaría a cualquier otro personaje principal.*

Por pura casualidad, la marcha sobre el Pentágono ofreció a Mailer una curiosa compensación. Nunca fue capaz de escribir diálogos convincentes, un hecho que le ha limitado seriamente como novelista. En Los ejércitos de la noche, *sin embargo, pudo utilizar un material tomado de cintas magnetofónicas y películas, hecho de su propia participación en el acontecimiento. T. W.*

Una confrontación junto al río

La situación no tenía mucho que estudiar. La Policía Militar estaba formada en dos filas muy espaciadas. La primera fila estaba a diez yardas de la soga, y los intervalos entre hombre y hombre eran, en aquella fila, de unos veinte pies. La segunda fila, similarmente espaciada, estaba diez yardas detrás de la primera, y, aproximadamente treinta yardas más allá, había, de cincuenta en cincuenta yardas, grupos de dos o tres soldados con cascos blancos y uniformes azul oscuro. Dos talantes distintos se enfrentaban, dos independientes silencios privados. La situación venía a ser como la de un muchacho a punto de saltar de un tejado a otro. Lo único que no debía hacerse era esperar. Mailer miró a Macdonald y a Lowell. «Vamos», dijo. Sin volverse a mirarlos, sin detenerse a hacer acopio de resolución, o a perderla, decidió que era cosa de saltar ostensible y decididamente la soga. A continuación, atajó sobre la hierba hacia el policía militar que vio más cerca.

Era como si el aire hubiera cambiado, o la luz se hubiera alterado; se sintió inmediatamente mucho más vivo —sí, bañado en el aire—, y, al mismo tiempo, como desencarnado de sí mismo, como si realmente estuviera viéndose en una película en la que tuviera lugar su propia acción. Podía sentir los ojos de las personas del otro lado de la soga contemplándole, podía sentir la intensidad de su existencia como espectadores. Y, mientras él avanzaba, él y el policía militar se miraban mutuamente con la lucidez desnuda y sorprendida que se da cuando absolutos extraños se encuentran por un momento absolutamente vinculados el uno al otro.

El policía militar levantó la porra ante su pecho como para impedir el paso. Para gran sorpresa de Mailer (este había esperado secretamente que el enemigo sería tranquilo y fuerte, ¿por qué no habían de serlo? Tenían todo el poder, todas las armas), para gran sorpresa suya, el policía militar estaba temblando. Era un joven negro, no muy negro, que parecía proceder de alguna ciudad pequeña en la que quizás no había otros muchos negros; en todo caso, no tenía el aire de Harlem, ni nada demoníaco, nada del poder negro, solamente el aspecto de un pobre muchacho en los ojos. «¿Por qué, por qué tenía que ocurrirme a mí?», era el mensaje de los mármoles petrificados de su cara.

—Atrás —dijo roncamente a Mailer.

—Si no me detiene, voy a ir al Pentágono.

—No. Atrás.

La idea de regresar —«puesto que no me detienen, ¿qué puede hacer?»— por aquellas mismas diez yardas, no podía tomarse en consideración.

111

Al hablar el policía militar, la porra alzada temblaba. Mailer no sabía si aquel temblor era originado por el deseo que el policía militar sentía de golpearle o porque (¡secreta maravilla militar!) él poseía ahora una fuerza moral que ponía el terror en los brazos de los jóvenes soldados. Alguna corriente inusitada, unas veces giroscópica, otras en remolino fijo, emanaba de aquel temblor de la porra, y el policía militar parecía girar lentamente apartándose de su posición de cara a la soga, y el novelista giraba con él, sin dejar de mirarse el uno al otro frente a frente, hasta que el eje de sus hombros se hizo perpendicular a la soga, y aún siguieron girando en aquel campo psíquico, sin tocarse, con la porra temblando, y entonces Mailer se encontró detrás del policía militar, libre de este, y giró sobre sus talones y corrió hacia la siguiente línea de policía militar, y luego, en un impulso de instinto repentino, aceleró bruscamente para rodear al más próximo de los policías de la segunda línea, como si fuese la espalda de este —eso fue, realmente, lo que pensó— y tuvo una fugaz percepción de lo sencillo que era sobrepasar a aquellos policías militares. Estos parecían petrificados. Al pasar él, sus caras estaban afligidas. No sabían qué hacer. Debió dejarlos perplejos su traje oscuro rayado, su chaleco, su corbata marrón y azul de estilo militar, su pelo peinado a raya, su barriga incipiente: también él debía tener el aire de un banquero, ¡un banquero pasado a mono! Y entonces vio el Pentágono a su derecha, a través del campo, a no más de cien yardas, y un poco a su izquierda a los retenes de la última línea de defensa, y corrió hacia estos en un trote corto, y llegó, y los guardias le miraron y gritaron «¡atrás!».

Mailer tuvo la rápida impresión de unos hombres de cara hosca y ojos lúgubres en los que ardía una llama transparente, y dijo: «No quiero ir atrás. Si no me detienen, voy a entrar en el Pentágono», y supo que estaba dispuesto a hacerlo, una certeza absoluta se había apoderado de él, y entonces dos de ellos saltaron sobre él al mismo tiempo, con la fría furia homicida de todos los polizontes en el momento existencial de dar el golpe —todos los polizontes que secretamente esperan ser fulminados en ese instante por sus pecados— y una fuerza sorprendente acudió a la voz de Mailer, y este rugió, satisfecho de su nuevo logro y su nueva autoridad: «¡Fuera de mí las manos! ¿Es que no ven? Estoy siendo arrestado sin resistencia». Y entonces uno se alejó de él, y el otro trató de apresar el brazo de Mailer con una llave, y se conformó con meterle la mano bajo el sobaco, y caminaron a través del campo a un paso rápido y rabioso, marchando paralelamente al muro del Pentágono, por fin plenamente visible a su derecha.

Y Mailer fue arrestado, lo había conseguido con éxito, y sin recibir una porra en la cabeza, con el aire de la montaña en sus pulmones, tan tenue y estimulante como el humo, sí, el aire lívido de la tensión ante aquella lívida fachada prometía algunos acontecimientos de mayor interés que la rutinaria espera para ser puesto en libertad, sí, *él* era algo más que un visitante, estaba ahora en la tierra del enemigo, e iba a ver la cara de este.

1. *Arresto 80, fuera de la ley*

Uno de los más antiguos artificios del novelista –algunos preferirían llamarle vicio–[1] consiste en conducir su narración (después de muchas excursiones) a un grado de excitación en el que el lector, cualquiera que sea su cultura, queda reducido al estado de un bruto jadeante al que solo le queda aliento para preguntar, «y, entonces, ¿qué?, ¿qué ocurre entonces?». Y en ese momento el novelista, amante consumadamente cruel, introduce una digresión, consciente de que la demora en ese momento ayuda a hacer más profundo el enviciamiento de sus lectores.

Esa era, en efecto, la costumbre de los escritores de la época victoriana. Los lectores de hoy, acostumbrados a las carreteras elevadas, sin atascos ni barreras de paso a nivel, echan a un lado su lectura al primer atasco y se vuelven hacia el aparato de televisión. En consecuencia, los novelistas modernos tienen que justificarse y presentar sus excusas, y hacerlo así profundamente, porque, si osan dejar en suspenso su narración, tienen que absolverse a sí mismos de la acusación de emplear un artificio. Tienen que alegar que lo hacen por necesidad.

1. Hay un juego de palabras inglés entre «artificio» (*device*) y «vicio» (*vice*). (*N. del T.*)

Así, el novelista alega ahora que tiene esa necesidad. Suspenderá por un momento su acta –porque, en verdad, tiene que hacerlo– para introducir en nuestra historia un nuevo elemento, que nos acompañará intermitentemente hasta el final. Hay que admitir ahora –el lector hace bien en esperar una sacudida directa– que el participante no era solamente un testigo y actor de aquellas actas, sino que ¡además estaba siendo fotografiado! Mailer (en lo que él consideraba un inexcusable momento de debilidad) había accedido a la solicitud de un joven peliculero inglés llamado Dick Fontaine de que se le hiciera un documental para la televisión británica. Ya una vez le habían hecho uno de esos documentales, y la experiencia no resultó muy agradable, porque parecía consistir en estar sentado en un sillón y hacer confidencias cerebrales a la cámara. Mailer, una vez dicho todo, no era ningún Arnold Toynbee, ningún Bertrand Russell (quizás ni siquiera un Eric Goldman), no, hechas todas las concesiones necesarias, Mailer, como intelectual, tenía siempre algo de usurpador, había algo en su voz que revelaba que probablemente sabía menos de lo que pretendía. Viéndose a sí mismo hablar ante la cámara para aquel primer documental, no se había gustado como tema para la pantalla. Para tratarse de un guerrero, de un supuesto general, excandidato político, curtido *enfant terrible* maduro del mundo literario, juicioso padre de seis hijos, intelectual radical, filósofo existencial, autor laborioso, campeón de la obscenidad, marido de cuatro dulces esposas batallonas, amable bebedor de bar, luchador callejero, invitador a fiestas, insultador de anfitrionas, tenía en la pantalla, en aquel primer documental, una fatal mácula, un último remanente de una salpicadura de la única personalidad que encontraba absolutamente insoportable, la del delicado muchacho judío de Brooklyn, la suavidad del hombre habituado al amor maternal. Así pues, Mailer se mantuvo alejado de nuevos documentales de sí mismo. Talentudos hombres de cine como los hermanos Maysles se habían dirigido a él sin conseguir despertar su interés. Fontaine, que se había presentado con la mejor de las credenciales –la que le proporcionaba su presentadora, una joven inglesa cuya personalidad el novelista encontraba deliciosa–, consiguió, mediante su británica perseverancia de toro, la promesa de que podría estar presente, con su equipo en alguno de los proyectos más activos del novelista. Sin discursos.

Veamos, pues, el primer cumplimiento de aquella promesa.

Fue en la primera noche del rodaje de la segunda película de Mailer (titulada primeramente, de modo muy provisional, *Arresto 80*, y llamada más tarde *Fuera de la ley*), un estudio de policías y sospechosos en una comisaría. Mailer tenía unas teorías sobre cómo hacer películas. Le gustaba tomar a personas capaces de hablar por sí mismas estando o no en apuros, y ponerlas en situaciones que él procuraba hacer suficientemente intensas para que no tuviesen demasiada consciencia de encontrarse ante la cámara. El que tuviesen o no una anterior experiencia como actores no solía interesarle. Su teoría era –una hipótesis no demasiado nueva– que muchas personas que nunca han sido actores, y que nunca podrían empezar a actuar en un escenario sin entrenamiento, podían ofrecer, sin embargo, algunas extraordinarias caracterizaciones para una película, con solo que hablasen con sus propias palabras y no tuviesen que recordar ningún papel escrito. Puede considerarse que esa es una teoría viva que deja mucho en manos del director y hace a la vez que también mucho escape a las mismas; Mailer envidó fuerte en la primera noche de rodaje: dispuso tres equipos de cámaras, y puso en marcha varias interrogaciones en varias piezas a la vez, de modo que los gritos o voces de una interrogación afectaban al tranquilo diálogo de la otra. La intensidad de ese proceso, cámaras, actores y escenas desarrollándose simultáneamente sobre el mismo suelo (que viene a ser el modo en que se desarrollan las cosas en una comisaría), podía ejercer una magia sobre los actores. La opinión de Mailer sobre la película, cuando empezaron a estar listos los primeros rollos, era que posiblemente había adivinado y/o acertado por casualidad la realización de la mejor película norteamericana sobre la policía que nunca había visto. Era ciertamente la primera película que se había desviado por completo de la moralidad formal hollywoodense de crimen y castigo. La película de Mailer ponía de manifiesto la vida increíble –lo que es decir, existencial– que se esconde en las relaciones entre los criminales y la bofia; la policía de Mailer era la más interesante de las policías jamás aparecidas en el cine, y sus malos eran tan reales como los mejores tipos que pueden verse en una callejuela barriobajera.

Pero el rodaje de la primera noche fue un caos, y prometía un desastre. El director había escogido a algunos de sus amigos de cabeza más dura para representar los papeles de policías; y a algunos de sus jóvenes más sofisticados para representar los papeles de hampones; por todas partes había acción, y en ninguna le iba a la zaga la confusión: cámaras, instrumentos para el sonido, e incluso fotógrafos chocaban a menudo. Y a aquel desorden venía a añadirse una cuarta cámara, el equipo de televisión de la BBC que trabajaba para Fontaine. Más de una vez el director estuvo aquella noche a punto de echar de allí al cuarto equipo, porque inevitablemente este constituía una parte activa en la confusión. En un momento dado, cuando una excitante escena estaba en plena acción, a la primera cámara se le acabó la cinta. «¡Venga otra cámara!», gritó Mailer; pero la segunda cámara estaba en aquel momento siendo cargada, y también la tercera. «Bueno, ¿quién hay allí?», rugió el director, «¿quién es aquel que tiene una cámara que funciona?»

–¡Oh, es la BBC!

Hay pocas cosas que puedan impresionar a los equipos tecnológicos mientras se encuentran en proceso de trabajo, pero aquel «¡Oh, es la BBC!» fue todo un acontecimiento y Mailer conservó la impresión de aquel *cameraman* que cargaba su máquina tan de prisa que parecía no acabársele nunca la cinta. La siguiente vez que vio a aquel *cameraman* fue en el camarín de un pequeño estudio de televisión en Nueva York. Mailer, al que iban a hacerle una entrevista a propósito de la próxima Marcha sobre el Pentágono, estaba recibiendo en la cara el maquillaje para ser televisado, y, al mirar al espejo, vio las lentes de la cámara sobre él. Ordenó al hombre de la cámara y al del sonido que salieran de allí. «¿Creen ustedes que he llegado a la edad de cuarenta y cuatro años para que se me tomen películas mientras me arreglo?»

La siguiente vez que los vio fue en Washington. Cuando Mailer salía del escenario del Teatro Ambassador, Fontaine y el *cameraman*, Leiterman, estaban radiantes. «Hemos conseguido un estupendo material de usted esta noche», dijo Fontaine. También se los encontró al día siguiente, frente al Departamento de Justicia, y

Mailer tuvo la oportunidad de ver la obra de Leiterman. Había extensos períodos en los que nada ocurría que le pareciese digno de ser fotografiado, pero Leiterman no depuso nunca su cámara, aunque debía pesar sus buenas veinte libras. Durante toda aquella larga tarde el *cameraman* la sostuvo amorosamente en sus brazos, dispuesto a fotografiar el primer objetivo que le brindase la oportunidad. Al día siguiente, ya en la Marcha, caminando hacia atrás sobre el puente de Arlington en el centro del cuadrado hueco, Leiterman estuvo fotografiando la línea de notables. Siempre que veía a Mailer, sonreía. Aquello parecía formar parte de su técnica fotográfica: siempre dirigía una sonrisa de ánimo a la figura que tenía ante su objetivo. Al cabo de un rato, uno se sentía alegre de verle. Incluso cuando escuchaba a los Fugs, Mailer había sentido sobre sí la cámara de Leiterman. Cuando Lowell, Macdonald y Mailer se habían aproximado a la soga que iban a saltar para ser detenidos, Leiterman y Fontaine los habían acompañado.

Pero ahora, mientras caminaba ante el Pentágono durante los diez primeros segundos de su arresto, con la mano del *marshal* todavía temblorosa en su brazo, qué agradable emoción ver a Leiterman precipitarse súbitamente ante ellos, dedicar a Mailer su gran sonrisa de ánimo –en la que había ahora una chispa de algo muy especial–, y, con el ojo aplicado al visor, comenzar a filmar el avance del guardia y del detenido desde cinco pasos delante de ellos. Leiterman caminaba hacia atrás al mismo rápido paso con el que ellos marchaban hacia delante, de modo que estaba realizando un pequeño prodigio atlético, porque el camino que recorrían no era liso, ascendían ligeros declives, los bajaban, cruzaban un camino asfaltado, pisaban sobre hierba, trepaban por una rampa sin disminuir el paso, y el *cameraman* siempre cinco pies por delante, diez por delante, sin preocuparse de lo que tenía detrás, caminando de espaldas con gran rapidez, tropezando ocasionalmente y recuperando el equilibrio con su pesada cámara al hombro, sin que pareciera perder por un momento el contacto de sus lentes con sus personajes, y sin perder su beatífica sonrisa de ánimo, como si estuviese diciendo: «vamos, hombre, que te voy a sacar haciendo un gol».

El brazo de Mailer seguía apresado por la zarpa temblorosa del *marshal*. Aquel temblor era una reacción física característica de la policía siempre que ponía sus manos sobre un detenido, o al menos Mailer podía pretenderlo así, después de haber reconocido a la policía en ese preciso estado tres de las cuatro veces que había sido detenido en su vida; sí, habían temblado casi incontrolablemente.

Que aquello fuese debido a una súbita arremetida –para decirlo con palabras de Freud– de «homosexualidad latente ingobernable», o a un temor de Dios por juzgar a otros hombres dignos de ser detenidos, o simplemente a que eran unos cobardes, o que, por el contrario, temblasen por el esfuerzo que les costaba abstenerse de atacar al prisionero, Mailer no se veía con fuerzas para decidirlo, y a veces incluso se había preguntado si no sería que aquello tenía algo que ver con las incongruencias de su propia persona, que posiblemente ofendía algunas profundidades en la policía. Fuera como fuese, el hecho, incontrovertible, era que el policía temblaba incontrolablemente en cuanto ponía las manos en él. Hecha y confirmada esa observación en los primeros pasos que dio en compañía del *marshal* después de su feliz arresto, le produjo una gran sorpresa y placer ver ante ellos a Leiterman, porque siempre, indefectiblemente, hay una cierta soledad en esos primeros pasos.

Y ahora un periodista aparecía en el flanco de aquella procesión, para hacer a Mailer una pregunta con la atención solícita, íntima, amistosa, que ponen los reporteros en su labor dramática de conseguir unas palabras que citar, con la idea de que sus personajes se sientan lo bastante importantes para creer que sus inmortales iniciales están siendo grabadas en los lomos de la historia. «¿Por qué ha sido usted detenido, señor Mailer?»

El personaje no estaba absolutamente tranquilo. A su propia excitación se añadía el tenso apretón trémulo de la mano del *marshal*, y el aire de la montaña, que introducía un filo de oxígeno en sus pulmones y le quemaba la garganta. Pero, para sorpresa suya, su voz estuvo más serena que él mismo. «He sido arrestado por violar una línea de policía.» («Desde luego, esa cita es inexacta», comentó más tarde la hermana de Mailer. «Norman no habría empleado una palabra como *violar*». Ella no podía figurarse la solemnidad que ponen los hombres en tales materias.) «Soy culpable», continuó Mailer. «Lo hice como un acto de protesta contra la guerra del Vietnam.»

–¿Ha recibido usted algún daño? –preguntó el periodista.

–No. La detención ha sido correcta.

Se sentía como si estuviera recibiendo la Confirmación. Después de veinte años de opiniones radicales, finalmente había sido detenido por una verdadera causa. Mailer suponía siempre que ya se había sentido importante y sin importancia de casi todas las maneras en que un hombre puede sentirse así; pero ahora se sentía importante de una manera nueva. Sentía su propia edad, cuarenta y cuatro años, la sentía como si finalmente fuera una edad, una sola, y no siete. Se sentía a sí mismo como una sólida encarnación de huesos, músculos, carne y sustancia, más bien que como la voluntad, el corazón, la mente y el sentimiento de ser un hombre, como si al fin hubiese «llegado», como si aquel arresto de poca monta hubiera sido su Rubicón. Estaba, en secreto, completamente contento consigo mismo y con lo bien que se las había arreglado, sin golpes en la cabeza, sin escenas tontas. No iba a estropearlo ahora con un discurso excesivamente intenso, no, solamente la enunciación seca y expresiva de los hechos. (Desde luego, él no sabía que uno de los primeros reportajes que aparecieron le hizo decir: «Soy culpable, he traspasado una línea de policía», lo que se convirtió en informes de segunda mano, en la noticia de que había sido detenido por accidente. Pero, de todas formas, él mismo había sido poco exacto: lo que él había cruzado había sido una línea de policía *militar*.)

Ahora caminaban a lo largo de un sendero aproximadamente paralelo a un lado del Pentágono que más tarde supo Mailer que era la Entrada del Río, y a su izquierda podía ver unas aguas que suponía que serían del Potomac: En efecto, era una dársena del Potomac, llamada Boundary Channel, en la que estaban ancladas unas embarcaciones de recreo.

La presa de la mano del *marshal* se había aflojado. Quizás se debía a la atención que ponían en él los periodistas, pero los rasgos del *marshal* habían experimentado una pequeña metamorfosis. Su rabia y agitación se habían apaciguado, y su cara volvía a ser una cara americana inteligente y acusada de rasgos, más o menos semejante a la modesta apariencia de un destacado jugador de rugby. Mailer y el *marshal* empezaban a descender a ras de tierra. Entonces, un hombre en traje de paisano dio el alto a Leiterman. «Usted no puede venir con nosotros», dijo. Leiterman puso, pues, fin al rodaje, con un ligero saludo de mano y una sonrisa, y Mailer, otra vez solo con sus pensamientos, cruzó una rampa que salvaba una carretera, y entró en un área de recepción del Pentágono, viendo ahora los objetos con esa especie de visión filtrada que tiene a veces un hombre drogado, vislumbres de las cosas cotidianas en sus aspectos negativos, con la verdad del objeto (hasta la amada es un objeto en esas condiciones) desprovista de todo amor, sentimiento o libido. Entraban en un área de recepción adyacente a la pared; pavimentada con asfalto gris, hasta el aire mismo parecía gris en aquellas sombras, y los soldados y *marshals* que allí se encontraban exhibían una estudiada fría indiferencia profesional que Mailer no había visto en veintitrés años, desde que había ido a Leyte como relevo, y había sido aparentemente invisible para los veteranos. Los soldados de ahora tenían un aspecto parecido. Incluso la indiferencia que se ve en las caras en el metro de Nueva York da muestras de una mayor capacidad de reacción, como si el aire contiguo a aquel muro del Pentágono estuviese inyectado de novocaína. Un paño mortuorio recubría la tensión.

NICHOLAS TOMALIN
EL GENERAL SALE A EXTERMINAR A CHARLIE CONG

A los directores de periódico les gusta argüir que el Nuevo Perio-dismo no puede adaptarse a la prensa diaria, basándose tanto en que funciona solo a nivel de temas triviales («pop»), como en que no sa-tisface las exigencias de la hora de cierre. En 1966 Nicholas Tomalin era uno de los principales reporteros de Inglaterra, un periodista «duro» de mucho prestigio, cuando usó las técnicas del Nuevo Perio-dismo para escribir este trabajo. Acompañó al general Hollingsworth en su «Misión Exterminio» y escribió el artículo en un solo día. Tuvo un impacto asombroso en Inglaterra, recreando para los lecto-res británicos la realidad emocional de la guerra... y una cierta ate-rrada fascinación hacia ella. De hecho, Tomalin estaba trabajando para un semanario, el Sunday Times, *lo cual resta algo de mérito a su hazaña; sin embargo, los escritores de artículos diarios podrían lo-grar cosas parecidas mucho más a menudo, estoy convencido, si se les ejercitase y animase a hacerlo así. Jimmy Breslin lo conseguía con re-gularidad. No muchos periodistas tienen el talento o las agallas de Tomalin y Breslin. Pero hay un problema peor: no hay muchos di-rectores de periódico que quieran enterarse siquiera de que tal cosa es factible. T. W.*

El pasado viernes, después de un almuerzo ligero, el general James F. Hollingsworth, del Halcón Rojo, despegó en su helicóp-tero personal y mató más vietnamitas que todas las tropas bajo su mando.

121

La historia de la hazaña del general empieza en la oficina de la división, en Ki-Na, a 32 kilómetros al norte de Saigón, donde un coronel del cuerpo médico me explica que cuando recogen las bajas enemigas se encuentran con más de cuatro heridos civiles por cada Vietcong... algo inevitable en este tipo de guerra.

El general entra a zancadas, cuelga dos medallas al mérito militar del pecho de uno de los médicos de campaña del coronel. Entonces sale de nuevo a zancadas hacia su helicóptero y extiende un mapa plastificado para explicar nuestra expedición vespertina.

El general tiene un rostro grande, genuinamente americano, que recuerda a todos los generales de las películas. Es de Texas y tiene cuarenta y ocho años. Su rango actual es general de brigada, subjefe de División, 1 División de Infantería, Ejército de los Estados Unidos (esto es lo que significa el gran dibujo rojo de la divisa de su hombro).

–Nuestra misión de hoy –gruñe el general– es alejar a esos malditos vietcongs de las carreteras 13 y 16. Estas son las carreteras 13 y 16, que van del norte de Saigón a la ciudad de Phuoc Vinh, donde tenemos la artillería. Cuando llegamos aquí por primera vez, limpiamos estas carreteras y expulsamos a Charlie Cong, y así pudimos transportar nuestros aprovisionamientos. Creo que desde entonces hemos ido en misión de acá para allá y el Vietcong ha creído que podría volver a infiltrarse. Ha hecho propaganda de que iba a interrumpir nuestro derecho a circular por esas carreteras. Por eso el objetivo de hoy es exterminarlo, exterminarlo y volverlo a exterminar, hasta que no quede ni uno solo. Sí, señor. Vamos.

El helicóptero UH 18 del general lleva dos pilotos, dos artilleros a cargo de las ametralladoras de calibre 60, y un ayudante, Dennis Gillman, un subalterno de California con mejillas de manzana. También lleva la carabina personal M16 del general (colgada de un tirante), dos docenas de bombas de humo y un par de bombas de gas CS, cada una del tamaño de un pequeño cubo de basura. Casi tocando al general hay una radio que le permite sintonizar las órdenes dadas por los jefes de batallón en los helicópteros que vuelan debajo del suyo y por los jefes de compañía que vuelan a su vez en helicópteros debajo de aquellos.

Bajo esta formación de helicópteros se extiende el paisaje aparentemente pacífico junto a las carreteras 13 y 16, lleno de granjas y campesinos que plantan semillas y arrozales.

Pero hoy, las cosas no han ido demasiado bien. Las compañías Alpha, Bravo y Charlie han asaltado un supuesto cuartel general vietcong, para encontrar unos pocos túneles pero ningún enemigo. El general se sienta en el hueco de la puerta del helicóptero, con las rodillas separadas, y con sus lustrosas punteras negras colgando en el espacio, balancea sin cesar un cigarrillo con filtro entre sus dientes, y piensa.

–Bájeme al cuartel general del batallón –le dice al piloto.

–Según los informes, en esta área hay tiradores ocultos, general.

–Al diablo los tiradores, limítese a bajarme.

El cuartel general del batallón es en este momento un área defoliada de cuatro acres, equipada con tiendas de campaña, transportes para la tropa, helicópteros y atareados infantes. Tocamos tierra entre olor de hierba aplastada. El general desciende de un salto y a grandes zancadas cruza por entre sus tropas.

–Vaya, general, debe excusarnos, no le esperábamos aquí –dice un sudoroso mayor.

–¿Mataron a algún cong, ya?

–Bueno, no, general, supongo que hoy nos tienen mucho miedo. Carretera abajo tuvimos dificultades, una excavadora se cayó por un puente, y camiones que atravesaban un pueblo chocaron contra el pabellón de una pagoda budista. Saigón nos ordenó por radio que reparásemos ese templo antes de continuar... como acción cívica, general. Eso nos retrasó una hora...

–Ya. Bueno, mayor, amplíe un poco su perímetro, y luego póngase a matar vietcongs, ¿quiere?

Vuelta al helicóptero por la aplastada hierba.

–No sé qué pensará usted de la guerra. Tal como lo veo, soy como un jefe de empresa cualquiera, que hace moverse a la gente, solo que no gano dinero. Solo que mato a unos, y salvo la vida de otros.

En el aire, el general mastica otras dos puntas de filtro y parece cada vez más triste. Ninguna acción en la carretera 16, y otro general del Halcón Rojo ha ido con su helicóptero para inspeccionar el colapsado puente, antes que nosotros.

–Demos otra vuelta –ordena el general.

–Fuego de metralletas ahí delante, señor. Bengalas de humo cerca. Van a atacar.

–Busque ese humo.

Un penacho blanco se eleva entre la densa selva tropical en presencia de un avión de reconocimiento Bird Dog. La carretera 16 está a la derecha; más allá, un extenso poblado de casas con tejados rojos.

–Nos estamos acercando, señor.

Dos jets F105 aparecen en formación en el horizonte, se separan, entonces uno pasa sobre el humo, soltando un rastro plateado, como de latas de sardina. Después de cuatro segundos de silencio, un fuego naranja pálido explota en pedazos a lo largo de un área de 45 metros de ancho por un kilómetro de largo. Napalm.

Los árboles y arbustos arden, vertiendo un espeso y negro humo en el cielo. El segundo avión se lanza en picado y el fuego cubre toda la faja de bosque denso.

–Aaaaah –exclama el general–. Bien. Bien. Muy limpio. Baje, vamos a ver quién ha quedado ahí.

–¿Cómo saben que los guerrilleros vietcong estaban en esa faja incendiada?

–No lo sabemos. La posición del humo fue una conjetura. Por eso arrasamos el bosque entero.

–Pero ¿y si había alguien, un civil, caminando por allí?

–Vamos, hijo, ¿cree que hay gente husmeando flores en una vegetación tropical como esta? ¿Con una gran operación por los alrededores? Todo el que ande por ahí abajo, seguro que es Charlie Cong.

Señalo un arrozal lleno de campesinos, a menos de un kilómetro.

–Eso es diferente, hijo. Sabemos que son de verdad.

El piloto grita:

–General, vista a la derecha, dos que corren por ese matorral.

–Los veo. Baje, baje, maldita sea.

En un solo movimiento, coge con un tirón su M16, introduce de golpe un cargador y se asoma a la puerta, colgándose de su cinturón de seguridad para disparar una prolongada descarga en dirección indeterminada al matorral.

–General, hay una abertura, quizás un búnker, ahí abajo.

–Bomba de humo, rodéelo, desvíese.

–Pero general, ¿cómo sabe que no son campesinos asustados?

–¿Corriendo? ¿De ese modo? No me haga llorar. Los cargadores, los cargadores, ¿dónde diablos están los cartuchos en este cacharro?

El ayudante suelta un bote de humo, el general encuentra su munición y el artillero de la ametralladora de estribor dispara rápidamente sobre el matorral, mientras rebotan sus proyectiles por el suelo circundante.

Volamos en el sentido de las agujas del reloj, en círculos cada vez más estrechos y bajos, todos disparan. Una ducha de fundas de cartucho usadas brota de la carabina del general para caer, tibia, sobre mi brazo.

–QUIERO... QUE... DISPAREN... DIRECTAMENTE... AL... CULO... DE... ESE... REFUGIO.

A la cuarta vuelta los proyectiles penetran directamente por la diminuta abertura de sacos de arena, perforando los sacos, llenándolo todo de arena y humo.

El general retrocede de su cinturón de seguridad a su asiento, súbitamente relajado, y suelta una risa afable, singularmente femenina.

–Eso es –dice, y se vuelve hacia mí, apretando índice contra pulgar según el signo de complacencia de un chef francés.

Volamos ahora sobre un edificio de una planta, hecho de cañas secas. La primera descarga hace saltar el techo, destruye una pared y la granja llena de pollos, que se convierten en fragmentos de paja desparramada y plumas que vuelan al viento.

–Exterminar, exterminar, exterminar –exclama el general. Ahora utiliza el dispositivo de disparo semiautomático, la carabina tiembla entre sus manos.

Pum, pum, pum, suena el fusil. Todos los ruidos de esta guerra tienen un sonido extrañamente tejano.

–Bomba de gas.

El teniente Gillman asoma el bote por la puerta. A la señal del piloto, lo suelta. Una explosión de vapor blanco se extiende por el bosque, unos buenos 90 metros en la dirección del viento.

–Por los clavos de Cristo, teniente, eso no sirve.

Inmediatamente el teniente Gillman se encarama por encima de mí para coger la segunda bomba de gas, empujándome a un lado, hacia su propio asiento. Con notable pánico me enredo con un cinturón de seguridad desconocido, al girar y ladearse el helicóptero un ángulo de cincuenta grados. La segunda bomba de gas explota perfectamente, junto a la casa, cubriéndola de vapor.

–Ahí no queda nada con vida –dice el general–. O habrían salido. Sí, ahí está, diablos.

Por primera vez veo la figura que corre, a través de la granja, deteniéndose y acelerando hacia una arboleda, vestido con un pijama negro. Ni sombrero, ni zapatos.

–Ahora dele al árbol.

Damos cinco vueltas. Las ramas caen del árbol, las hojas vuelan, su tronco está envuelto en polvo y destellos de proyectiles. Gillman y el general disparan ahora sus carabinas desde la puerta, uno junto a otro. Gillman me ofrece su fusil:

–No, gracias.

Entonces, un hombre sale corriendo del árbol, en cada mano una flamante bandera roja que agita desesperadamente por encima de su cabeza.

–Alto, alto, se rinde –grita el general, golpeando la ametralladora de modo que los disparos salen despedidos hacia el cielo.

–Voy a bajar a cogerlo. Ahora todos atentos, mantengan el fuego indirecto, puede tratarse de una emboscada.

Rápidamente nos clavamos en el campo, delante del árbol, disparando cada tirador ráfagas preventivas entre los arbustos. La figura se nos acerca.

–Seguro que es un cong –exclama triunfalmente el general, y con hábil movimiento agarra al hombre por el corto pelo negro y de un tirón lo sube a bordo. El prisionero choca con el teniente Gillman y cae sobre el asiento, a mi lado.

Las banderas rojas que divisé desde el aire son sus manos, enteramente bañadas en sangre. Bajo su camisa brota más sangre, que se derrama sobre sus pantalones.

Ahora volvemos a estar a salvo en el aire. Nuestro prisionero no debe tener más de dieciséis años, su cabeza apenas llega a sobrepasar el nombre bordado en blanco –Hollingsworth– sobre el pecho del general. Está aturdido, conmocionado. Sus ojos miran despacio, primero al general, después al teniente, después a mí. Parece un animal salvaje, minúsculo y hermoso. Tengo que mantener mi mano firmemente apretada contra su hombro para mantenerle derecho. Está temblando. A veces su pie izquierdo, por algún impulso nervioso, golpea con fuerza contra la pared del helicóptero. El teniente aplica un torniquete a su brazo derecho.

–Pida una ambulancia a la base. Que venga el oficial de información con una cámara. A este maldito comunista le quiero vivo hasta que lleguemos... quédate con nosotros solo hasta que te lo digamos, pequeño.

El general hurga con su carabina, primero en la mejilla del prisionero para mantenerle la cabeza levantada, después en la parte inferior de su camisa.

–Mire esto –dice, volviéndose hacia mí–. ¿Aún cree que son inocentes campesinos? Mire el arsenal.

El prisionero lleva un cinturón de tela con cuatro cartucheras de munición, una cantimplora (sin tapón), un diminuto rollo de vendas y un panfleto propagandístico, que luego resulta ser una colección de canciones vietcongs, con un billete doblado de veinte piastras (unas cuarenta pesetas).

El teniente Gillman parece intranquilo. «Okey, estás bien», le vocifera al prisionero, que en ese momento se vuelve hacia mí y con un gesto sorprendentemente vigoroso mueve su brazo hacia mi asiento. Quiere tumbarse.

Cuando me he sujetado a un nuevo asiento ya volvemos a estar en el campo de aterrizaje. Los sanitarios suben a bordo, le ponen morfina, le desgarran la camisa. Es evidente que una llamarada de fuego le ha destrozado el brazo cerca del hombro. Por la camisa rota emerge una gran protuberancia colgante de tejido rojo-azul, salpicada su superficie de fibras nerviosas blancas y astillas de hueso (¿cómo se las arregló para mover este brazo en señal de rendición?).

Cuando la ambulancia se ha marchado, el general nos hace posar a todos alrededor del guerrillero para una fotografía de grupo, cual pandilla de pescadores afortunados, después sube de nuevo a la cabina, a mi requerimiento, para una foto ilustrativa de cómo exterminó a esos vietcongs. Está eufórico.

—Jesús, estoy satisfecho por su presencia, ha sido todo de primera. Han escrito mucho sobre mí en los Estados Unidos sobre cómo cazo los vietcongs, pero ningún periodista me había acompañado hasta hoy.

Hasta encontramos un agujero de bala en una de las aspas del rotor del helicóptero.

—Prueba evidente de que no dejaban de dispararnos. Y de dispararnos primero, muchacho. Demasiado para esos chicos que llevan flores.

Me da la cantimplora del vietcong, como recuerdo y como prueba. Es una cantimplora de la China comunista. Pekín por todas partes.

Más tarde el general me llama a su despacho para decirme que al prisionero habían tenido que amputarle el brazo, y ahora está en manos de las autoridades vietnamitas, tal como dictan las leyes. Antes de que se lo llevaran confesó a los intérpretes del general que formaba parte del núcleo de una compañía regular vietcong cuya misión era minar la carretera 16, cortarla y disparar a los helicópteros.

El general es magnánimo en su victoria sobre mis escrupulosas precauciones civiles.

—Mire, hijo, vi que ese primer par de hombres que corrían llevaban rifles. No se lo dije entonces. Y a propósito, no crea que en aquella casa hubiese campesinos de verdad, cuando sea tan veterano como yo sabrá eso por instinto. Admito que de un poste había colgados pollos para comer. No vio nada más grande, como un cerdo o una vaca, ¿verdad? Entonces bien.

El general no estaba seguro de si aquella noche otras tropas irían a la granja para comprobar quién murió, aunque por allí cerca debía haber patrullas.

Andar de noche por la carretera 16 no era seguro, al día siguiente había otra gran operación en otra parte. El Halcón Rojo siempre está en movimiento.

—Pero cuando los vietcongs vuelvan a hostigar la carretera 16, los exterminaremos de nuevo. Y cuando más tarde regresen, volveremos a exterminarlos.

—¿No sería más fácil quedarse allí todo el tiempo?

–Vaya, hijo, no tenemos las tropas suficientes.

–Los coreanos lo consiguen.

–Sí, pero ellos tienen que proteger un área menor. Porque el Halcón Rojo se extiende por doquier... quiero decir hacia la frontera de Camboya. No hay lugar en este mapa que no hayamos pisado.

Añadiré que sus generales ingleses quizás no crean que mi modo de hacer la guerra sea del todo convencional, ¿verdad? Bueno, esta es una nueva clase de guerra, flexible, de movimientos rápidos. Nosotros los generales tenemos que dirigir nuestras tropas sobre el terreno. El helicóptero añade una nueva dimensión al combate.

No hay mejor modo de luchar que salir a cazar vietcongs. Y no hay nada que me guste más que matar congs. No, señor.

BARBARA L. GOLDSMITH
LA DOLCE VIVA

«La Dolce Viva» es una entrevista-artículo sorprendente por su franqueza, incluso para las normas actuales, hasta el punto de que casi acaba con la revista en que apareció. Se publicó en la primavera de 1968, en el cuarto número de la revista New York, *junto con fotografías de la silueta desnuda de Viva («una gallina desplumada» según su propia expresión) reclinada en un desvencijado sofá de odalisca, con cartones de leche rancia y colillas de pitillos de marijuana en primer término. Creyendo que la nueva revista adoptaba un repugnante giro hacia la excentricidad, los anunciantes la desertaron a manadas. El incidente me produjo una impresión muy diversa, sin embargo.*

El redactor-jefe de New York, *Clay Felker, era consciente del riesgo comercial que corrían al publicar este trabajo –su departamento de publicidad lo leyó y puso el grito en el cielo– pero «La Dolce Viva» era un texto demasiado bueno como para despreciarlo. Felker siguió adelante y lo publicó... y los misiles termo-trópicos se pusieron en órbita... A partir de aquel momento supe que* New York *iba a triunfar.*

«La Dolce Viva» no solo era una lectura apasionante sino que puso de relieve toda una faceta del mundo artístico –personificada en Andy Warhol y sus amigos– por primera vez. El artículo de Barbara Goldsmith constituyó el prefacio del incidente en el que, dos meses después, Valerie Solanas disparó contra Andy Warhol en The Factory *y casi le mató.*

La aportación del Nuevo Periodismo a la entrevista-artículo ha sido la de contestar con una franqueza mayor que nunca la pregunta que suelen plantear la mayoría de tales trabajos –«Sí, pero ¿cómo es esa persona en realidad?»– y describir todo el entorno social al que pertenece el sujeto. Y, mientras sea posible, dar a la entrevista la forma de un relato. En este caso concreto, el relato se desarrolla a través de momentos tales como la conversación de Viva con la compañía Edison y de su confrontación con el propio Andy Warhol. Para preparar este texto, Barbara Goldsmith recurrió a la técnica ahora normal en el Nuevo Periodismo de un contacto continuo con su tema, hasta desvelar escenas que tuvieron lugar en su presencia. T.W.

En el nuevo estudio de Andy Warhol, The Factory, Viva se apoyaba en la blanca pared encalada, mientras su ensortijado cabello rubio refulgía bajo los focos. Su cara angulosa y su delgado cuerpo hacían pensar en las viejas fotografías sepia, halladas en el arcón de una buhardilla, de las actrices de los primeros años treinta. Llevaba una chaqueta eduardiana de terciopelo, una blusa blanca acolchada y afilados pantalones negros.

–¿Estoy bien? –preguntó a Paul Morrissey, director técnico de Warhol.

–Igual que una estrella –respondió él con solemnidad.

El cine underground había surgido de los áticos del Village para afincarse en las salas elegantes de la parte alta de la ciudad; como consecuencia, las estrellas cinematográficas del underground se habían revelado también. Viva, que había actuado en *Bike Boys*, *The Nude Restaurant*, y *Tub Girl*, era objeto de numerosas entrevistas y artículos en las revistas de actualidad, en los que aparecía descocada, *hip* y fascinante.

Women's Wear Daily proclamaba: «Viva encarna a la moda... es la clase de persona que influye en la moda de hoy... Es una presencia. Los conceptos de Viva sobre la vida... los vestidos... son ante todo muy personales». Se la comparaba con la Garbo y la Dietrich (*The Village Voice*), con Lucille Ball (*Vogue*), era una Rita Tushingham o una Lynn Redgrave americana (*The New York Times*).

El ascensor de The Factory se abrió, dejando paso a un cargamento de miembros de la prensa y amigos, que habían sido invitados a una proyección de la última película de Viva, *The Lonesome*

Cowboys. Casi de pronto Viva se vio rodeada de gente. Una chica bajita de pelo negro exclamó:

–Te vi hoy en la TV, Viva. Estuviste genial.

–Gracias, gracias –contestó Viva, tirando besos como una reina del cine–. Ahora sentaos y ved la película.

La película (que duraba alrededor de 200 minutos) era una demostración de la fórmula cinematográfica de Warhol. Resultaba ser una mezcla de homosexualidad, conversaciones, violación, conversaciones, travestismo, conversaciones, incesto homosexual, conversaciones, masturbación, conversaciones, seducción heterosexual, palabras, palabras, palabras y una orgía. Viva, la única mujer de la película, se encargaba, con toda naturalidad, del sexo heterosexual y servía de blanco a la violación.

Durante la violación, Viva tocó con el codo a un amigo y observó:

–Durante esta escena había unos cuarenta niños mirando. Todos los estudiantes de arte de las universidades vecinas vinieron y trajeron a sus chicos. Yo grité: «Estos niños se van a escandalizar de una manera terrible». No me hubieras oído decir nada un minuto después. –Viva se arqueó en un desorientado encogimiento de hombros–. Todos eran artistas y creyeron que se trataba de arte.

Andy Warhol es un hombre de negocios que es por categoría un artista. A causa de esta etiqueta, el espectador o se siente intimidado ante lo que considera Arte, o –lo que suele ser más frecuente– da gusto al *voyeur* que duerme en él en nombre de la experiencia artística. El estudio Warhol es adecuadamente llamado The Factory, porque en él manufactura un compuesto de voyeurismo y *ennui* para el consumo público. El prototipo de sus productos es *The Chelsea Girls*, la primera película underground que se exhibió en un cine elegante. Costó hacerla unos 10.000 dólares y la recaudación de sus proyecciones pasa ahora del medio millón, lo que hizo comentar al taciturno Andy: «El Nuevo Arte es Negocio».

–Estoy realmente hecha polvo –gimió Viva al terminar la película, mientras se metía una píldora en la boca y se la tragaba con el auxilio de un vaso de vino–. Andy y Paul me están matando con todas estas entrevistas. ¿Por qué no vienes a verme mañana cuando me levante, digamos sobre la una?

Al tercer timbrazo Viva abrió la puerta de su apartamento de baldosas de piedra marrón en la calle 83 Este. La mujer que se erguía en el umbral iba sin maquillar y sus ojos eran una mancha de color verde intenso en un rostro de cejas finísimas y pestañas inexistentes. Llevaba pantalones rojos y una blusa roja de algodón desabrochada. Tenía el pelo recogido en un moño. En cuanto entré, de su boca salió un torrente de palabras.

–Oh, por Dios, no mires cómo está la casa. No he limpiado ni he recogido nada en meses. Todas las noches pienso que moriré asfixiada con el olor del polvo y ese DDT para las cucarachas. Mira lo sucias que están las ventanas. Tendría que hacer algo, pero no tengo aspirador y no puedo comprar uno. Estoy sin un centavo, absolutamente sin nada. Me paga el alquiler un hombre que conozco.

Viva dio unos pasos con elegancia por entre un amasijo de ropa interior, vestidos, bolsas de tintorería, una plancha, algunos platos, revistas y periódicos. Se inclinó para extraer, de debajo de una bolsa de tintorería, la chaqueta de terciopelo que llevaba la noche anterior. Tenía grandes quemaduras.

–Fíjate en esto... destrozada. Con todas las horas que me pasé en aviones cosiendo los forros. Alguien dejó caer encima una cerilla encendida y no me di cuenta hasta que estuvo toda quemada. Estaba tan cansada que me tomé dos Midols y un tranquilizante y bebí un poco de vino que hice yo misma la Semana Santa pasada. Luego le di dos pipadas a un currito y se me subió tanto que no me enteré de nada. Era mi favorito. El único otro vestido que me gusta es un vestido de 1920 que compró Andy, pero huele tanto a sudor que no puedo llevarlo. Oh, qué más da.

Viva esquivó el relleno que se escurría fuera de una silla dorada, pasando luego ante una pared donde había garrapateados muchos números de teléfono. Me guió entonces hasta el dormitorio. Contenía una cama de matrimonio sin sábanas que ocupaba casi la habitación entera. Sobre ella habían restos de tortas en un plato de papel de estaño, un recipiente con zumo de naranja, unos jerséis, un espejo para maquillarse, diversos tipos de maquillaje, un ejemplar de *El principito* y algunas fotografías. Viva extrajo las fotografías.

–Las busqué para que las vieras. Son de mi familia.

La primera fotografía mostraba una catedral llena de flores.

–Esta es la foto de la boda de mi hermana Jeannie. Tiene veinticuatro años... uno menos que yo. Somos nueve hermanos. Mi verdadero nombre es Susan Hoffmann. Aquí está mi padre tocando el violín. Tiene setenta y cuatro violines. Tiene también cuatro barcos, dos casas, una en Siracusa y otra en Wellesley Island en la ruta de Saint Lawrence, y una granja en Goose Bay. Lo consiguió todo él solo. Es abogado en Siracusa.

–Mi padre tenía un genio incontrolable y acostumbraba a descargarlo sobre mí. Luego estaba siempre la diferencia entre lo que parecían las cosas y lo que eran. Criaba caballos porque decía que hacían bonito en la hierba de su finca de verano, pero nunca estaban domados y ninguno de sus hijos podía montarlos.

Viva cogió otra fotografía.

–Esta es la foto de mi primera comunión. Todo el ambiente en el que fui educada era absurdo. Por una parte, mis padres fueron siempre extremadamente hospitalarios, todo el verano teníamos treinta personas en casa, pero al mismo tiempo eran realmente rígidos. Mi madre era una gran defensora de Joe McCarthy. Tenía dos miradas... una que significaba «Cállate» y otra que significaba «Cruza las piernas».

»Dormía con un crucifijo sobre la cama, y toda la pesca. Mi padre tenía una imagen de un metro de la Virgen María. En Navidad le ponía un halo y dos focos. Estuve con las monjas hasta los veinte años. Fui virgen hasta los veintiuno. Luego me pasé los dos años siguientes tratando de enmendarme. Ahora no puedo soportar al clero, papas, obispos, curas y monjas, ni soporto toda esa cosa autoritaria y antisexo de la Iglesia católica. Pero creo que es probable que Cristo fuera un tío realmente *groovy*.[1]

»Después de la escuela superior pasé a la Universidad de Marymount, en Tarrytown, donde las hermanas dijeron que era la me-

1. Ver nota pág. 32.

jor estudiante de la escuela de arte. Quería ser ilustradora de modas. Luego fui a la Sorbona y la Académie Julian, en París, y todo aquel tiempo viví en un convento de Neuilly. El último trimestre en la Sorbona estaba tan deprimida que no iba a clase. Andaba paseando por ahí y me sentaba en el Deux Magots para tomar vermut caliente.

Viva se distendió, frotándose los ojos y bostezando.

–Estoy cansada por el viaje a Tucson para buscar localizaciones para la película. No dormí nada. Las dos primeras noches dormí con John Chamberlain, que es un antiguo amante mío. Dormí con él por razones de seguridad. Bueno, luego tuve uno distinto cada noche. Una noche Allen Midgette y, cómo se llama *ese*, Tom Hompertz, se acostaron conmigo. Andy se asomó por la ventana y me riñó: «¿Qué estás haciendo ahí? Te dije que no lo hicieras. Tienes que reservarte para cuando rodemos». Luego le tocó a Little Joe (Joe D'Alessandro), que es muy dulce, y a Eric (Eric Emerson), que es siempre tan rudo. –Viva alzó la vista y me dijo–: No me mires tan escéptica. Es la verdad. Yo siempre digo la verdad. La gente cree a veces que les estoy tomando el pelo, pero yo realmente no sé lo que es eso. Soy como cualquier otra persona. Lo único es que soy demasiado franca.

»Lo principal es que no me importa, de veras... bueno, eso creo. Paul Morrissey opina que soy una ninfómana, pero eso no es verdad. Simplemente me gusta dormir con alguien, porque detesto dormir sola. Tengo pesadillas y me gusta tener a alguien en la cama a quien abrazarme. La mayor parte de los hombres no sabe de qué va, en cualquier caso, son tan insensibles y se concentran tan poco. Pienso que he pedido demasiado a los hombres. Los hombres ya no influyen en mí, sencillamente. Hace seis meses que no me hace perder la cabeza ningún hombre.

»En las películas de Andy son las *mujeres* las que tienen carácter, las que tienen belleza, las que controlan todo. Los hombres no son más que esos animales vacíos. Tal vez los homosexuales sean los únicos que no son realmente culpables. Me tratan mejor que todos los hombres normales que he conocido. Quise mucho a una chica y seguimos siendo amigas, pero me gustan de veras los hombres. Incluso cuando me acostaba con aquella chica, queríamos siempre tener a un hombre cerca, solo para mirar y esas cosas. Sabes, si alguien es guapo de verdad, realmente me chifla.

»Mi opinión acerca de los hombres es que son patéticos, son criaturas que necesitan auxilio. La única clase de hombres que me gusta ahora son los hombres que son fantásticamente ingenuos y no demasiado inteligentes, como Marco, mi amante. [Para este artículo Viva se hizo fotografiar manteniendo relaciones sexuales con Marco St. John y su esposa Barbara.] Preferí más bien alguien que me instruyese, pero jamás encontré a nadie que fuera capaz. De todos modos, me da igual no hacerlo mucho ya, porque siento que no tiene objeto. Como toda esa tonta filosofía-del-sexo-Playboy-Hugh Hefner, que el sexo sin amor es mejor que la ausencia de sexo. Creo que eso es un montón de tonterías. Te arreglas mejor masturbándote. Cuando estás con alguien que no está realmente contigo, te sientes en ridículo.

»Cuando era joven, sin embargo, realmente podía llegar a obsesionarme un hombre. Justo al terminar la escuela tuve una pelea con mi padre. Me peleaba con él cada dos meses. Así que conseguí un trabajo en Boston y luego me largué a Nueva York. Me instalé con un fotógrafo. Fue mi primer amante. Me doblaba la edad, una situación bastante clásica. Yo buscaba un padre. Él fue la primera persona con la que pude hablar y contarle las cosas que jamás había contado a nadie. Era mi único amigo. Estaba casado, pero separado. La cuestión es que jamás me dejaba ir a ninguna parte. Era absurdamente celoso. Llegó a quemarme toda la ropa. Cenábamos y comprábamos revistas y veíamos la TV y leíamos en la cama. Me maquillaba la cara todas las noches. Le dejé después de un año.

»No tenía un centavo y mi padre no me daba nada, así que conseguí trabajo como modelo. Trabajé para tres agencias, pero era demasiado desorganizada y de algún modo corrió la voz de que yo era informal. Me temo que era cierto. Volví con aquel fotógrafo y nos peleamos porque no quería que trabajase como modelo para nadie más. Un desastre. Probablemente la peor época de mi vida.

»No tenía energías y quedé tremendamente deprimida. No es que nadie se preocupe por ti; eso es lo de menos. Te sientes deprimida sin ninguna razón y eso da mucho miedo. Sabía que estaba al borde del desequilibrio nervioso, así que hice que mi hermana me acompañase a Millbrook, Nueva York, para ver a Timothy Leary.

»Tim Leary fue el primero que me inició en la droga. Me dijo que tomase psilocibina, el hongo alucinógeno, y lo hice por curiosidad. Lo he probado todo excepto la heroína y el opio. He tomado LSD solo dos veces y no creo que vuelva a probarlo otra vez por el riesgo para la salud. No sé nada acerca de esos cambios de cromosoma. La primera vez que lo tomé, me pareció una broma pesada porque creías que habías conseguido la CLAVE del universo entero, solo que no podías recordar en qué consistía. Comprendo que haya personas que se drogan cada día buscando la CLAVE. La última vez que tomé LSD tuve una mala experiencia. Estaba con un tipo que no quería hacer el amor conmigo, así que le di un golpe a su TV y se la estropeé y me pegó.

»Prefiero la mescalina y el peyote a las drogas sintéticas. No veo que haya nada de malo en tomar algo que brota realmente de la tierra. Pero el peyote resulta tan nauseabundo cuando lo tragas, no sé si podré hacerlo otra vez. Nunca he tomado nada con regularidad. Y no estoy lo bastante organizada como para tener un proveedor. La mitad por lo menos de los chicos de The Factory se drogan. Los hacemos salir en las películas porque resultan con frecuencia los más interesantes.

»Bajo las drogas creo que se obtiene una respuesta de amor y de orgasmo constante. Lo sientes continuamente. Eso te conduce al Reino de los Cielos. Imagino que la religión no es más que una completa sublimación sexual. Me meto de ello en esta cosa religiosa... veo películas en blanco y negro de Egipto que se proyectan en las paredes. No consigo entender si esto me viene de una influencia excesiva de las monjas, o de leer demasiado sobre psiquiatría, o qué.

Sonó el teléfono. Viva descolgó y dijo:

—Está bien, está bien, mandé el cheque por correo. No puede cortarme la corriente. Ya le dije que estuve fuera. Está todo en regla. —Después de colgar, añadió—: Tengo que llamar a Andy para que pague mi cuenta de la Edison. Andy me da cien dólares por aquí y cien dólares por allí cuando necesito dinero. Nunca pido mucho. Todos hemos de cobrar pronto un sueldo regular, pero Andy dice que la compañía es insolvente.

Luego recuperó el hilo.

–Te estaba hablando de Tim Leary. Estuve con él alrededor de una semana, pero no me dejó tomar nada, solo oler un poco de metedrina, así que pinté un mural, paseé por los bosques y me acosté con unos cuantos tipos. Luego volví a casa con mi familia al comprender que no iba a mejorar.

»Le dije a mi madre que quería internarme en una institución, así que me llevó a un sitio en Auburn, Nueva York, pero cuando estuvimos dentro, el internista cerró la puerta detrás de nosotras y luego me ató una etiqueta con mi nombre en la muñeca. Me puse histérica e imploré a mi madre que me llevara a casa, y ella lo hizo. La semana que siguió me la pasé en cama con escalofríos, sin dejar que mi madre se alejase de mi lado. Entonces me dije: «Estoy volviendo al útero materno. Tengo que salir de aquí». Así que tomé un avión de vuelta a Nueva York y me fui a casa de mi hermana Jeannie.

»Encontré un empleo en Parsons y trabajaba como modelo de modas por la mañana y como modelo artística por la tarde. Me ahorraba así el dinero de los taxis que hubiese tenido que pagar yendo de un trabajo a otro. Después de ocho meses la depresión pasó. Una noche fui a ver la película de Andy *I, A Man* y me pareció fabulosa. De haber visto una película así cuando era joven, no me habría sentido tan tímida y diferente. Era tan honrada. Los personajes vacilaban, una chica se cubría los pechos porque le daba vergüenza que la gente los viera. En las películas de Andy todos son honrados, y francos, y abiertos. La mayor parte de la gente no es así en absoluto. Como mis padres, cuya vida se ha estructurado por completo sobre su religión, su política y sus relaciones sociales, y todo lo que no está de acuerdo con eso creen ellos que es malo. De todas formas, todo este ambiente puritano tiene una ventaja... cuando rompes con él hace que todo parezca más excitante.

»No quiero despreciar a mis padres tampoco. Han tenido nueve hijos, y todos ellos en contra de todo lo que mis padres defendían, así que no les ha podido salir todo tan mal. Si no, los chicos no habrían sido más que una copia al carbón de ellos mismos.

Viva se levantó, tropezó con un vaso al que dio un puntapié, y dijo, furiosa:

–No soporto este lugar. ¿Crees que debería irme al campo, verdad? Verdad. Pero no lo haré. ¿Con quién voy a hablar entonces? Casi todos mis amigos andan por The Factory. Me resulta más fácil vivir aquí y salgo mucho fuera con Andy, dando conferencias por las universidades. Hemos conocido a unos cuantos de los chicos en esas conferencias. Así es como encontramos a Tom Hompertz. Les enseñamos a los chicos una parte de nuestra película de 25 horas y hablamos con ellos. Les decimos que no creemos en metas, ni en metas ni en objetivos. No creemos en el arte. Todo es arte. Lo único importante es hacer una película que divierta.

»Salgo desnuda porque Andy dice que por verme desnuda se venden entradas. Se me hace difícil de creer. Creo que parezco una sátira, una parodia de una mujer desnuda, parezco una gallina desplumada. Desde que me puse un DIU y dejé de tomar píldoras anticonceptivas, no tengo ni siquiera pechos. Pero últimamente me han dedicado mucha atención y publicidad. Una periodista tonta escribió: «Viva se ha retirado de la carrera de obstáculos». Pues sí que está enterada. Acabo precisamente de entrar en la carrera de obstáculos, quiero dinero y supongo que triunfos. Tratar de hacer planes con anticipación me pone en un estado terrible. Puedo decirte lo que estoy haciendo en el momento, pero si pienso en el futuro me pongo neurótica.

»Ahora tengo a Andy para que haga planes y tome decisiones. Yo me limito simplemente a lo que él me dice. Andy tiene algo místico que te obliga a desear hacer algo para él. –Viva levantó la vista, con los ojos en blanco, y añadió lentamente–: A veces, sin embargo, cuando pienso en Andy, creo que es igual que Satanás. Te aprisiona y no puedes escapar. Antes iba a todas partes yo sola. Ahora parece que no puedo ir a ninguna parte ni tomar la decisión más sencilla sin Andy. Tiene tanta influencia sobre todos nosotros. Pero me siento feliz cuando hablan de Andy y Viva.

Emparejar así los nombres me recordó otra época en la que se hablaba de Andy y Edie, así que pregunté:

–¿Qué fue de «Superstar» Edie Sedgwick?

140

–Oh –repuso Viva, rodeando con los labios la punta de la lengua en un nervioso amaneramiento–. Edie está estupenda. La visité en el hospital. Lleva ahí mucho tiempo. Le regalé un tiesto con un cactus por su forma. Pusieron una enfermera en la habitación con nosotros todo el tiempo, porque antes de mi visita alguien le había dado una anfetamina.

Viva se levantó y se quitó los pantalones. Se arrodilló ante mí, desnuda de cintura para abajo, y empezó a hurgar en una pila de ropa que había en el suelo.

–Tengo que irme en cuanto encuentre algo que ponerme –explicó–. La revista *Eye* va a hacer una fotografía oficial del grupo y me necesitan.

En el restaurante Max de Kansas City, después de la sesión de fotografías, Viva, Warhol e Ingrid Superstar y Brigid Polk, que actúan ambas en películas de Warhol, se hallaban sentados ante una amplia mesa redonda en un ángulo. El restaurante los trata como a celebridades; Viva devolvió el pescado, luego un filete, mientras aspiraba metedrina en una cuchara.

–Yo la tomo cada tres horas –explicó Brigid–. No dejes que nadie te diga que la rapidez mata. Llevo años tomándola.

–Yo acabo de salir del hospital –anunció Ingrid Superstar–, y estoy a punto para entrar en acción.

Y exhibió un paquete de condones.

–Disculpadme un momento, es hora de despertarme –dijo Brigid, y se dirigió al servicio de señoras.

Viva apoyó la cabeza sobre la mesa.

–Estoy muy cansada y este lugar me deprime.

Cogió el bolso y se fue.

Más tarde, Viva volvió a The Factory, un piso alto en un edificio comercial. La puerta de abajo estaba cerrada. Viva buscó un teléfono para requerir a alguien que le abriera la puerta. Las primeras cinco cabinas habían sido deterioradas y no funcionaban. Desde la sexta rechinó:

–Escucha, cabrito, soy Viva. Baja inmediatamente y abre esa maldita puerta.

Se quedó mirando, incrédula, el teléfono.

–Me ha colgado –murmuró.

Viva marcó entonces el número privado de Warhol y le respondió el contestador telefónico. La voz le preguntó si deseaba dejar un mensaje. Ella contestó que sí, y procedió a especificarlo. El contestador cortó la comunicación.

Viva tiró el auricular y volvió a la puerta cerrada en espera de que alguien entrase o saliese.

—Yo les enseñaré —tronó—. Me han dejado encerrada fuera y yo les encerraré dentro.

Con una moneda de diez centavos y una horquilla intentó destornillar el tirador de la puerta.

Durante esta operación llegó Warhol.

—¿Por qué no tengo una llave? —aulló Viva—. No se me trata con respeto.

Warhol la miró, blando como un flan, mientras ella le tiraba el bolso, que le alcanzó en una mejilla.

—Estás loca, Viva —observó fríamente—. ¿Qué crees que estás haciendo?

JOE MCGINNISS: de
CÓMO SE VENDE UN PRESIDENTE

Este es el capítulo inicial de Cómo se vende un presidente.
McGinniss recurre aquí a una estrategia que exige un nervio considerable. Presenta al lector la imagen de Richard Nixon a través de cinco tomas completas de un filmet político, verbatim, *cinco tomas completas de un segundo filmet, y dos tomas completas de un tercero. Creo que muchos escritores se habrían contentado con describir dos o tres tomas y luego añadir sencillamente que Nixon repitió este tedioso proceso nueve o diez veces más... por miedo de que el lector desertase ante la monotonía. La táctica de McGinniss de insistir en la descripción una y otra vez, desde la primera palabra hasta la última, me recuerda un poco una estrategia similar de Mark Twain en sus conferencias. Si contaba un chiste que no hacía gracia, simplemente lo volvía a contar otra vez... y otra vez... y otra vez... y otra vez... hasta media docena de veces... hasta que el público soltaba la carcajada, no ya por el chiste, desde luego, sino por lo absurdo de la repetición. Algo parecido ocurre aquí. McGinniss se arriesgó a perder todos sus lectores en el primer capítulo, pero el envite fue un éxito: se gana al lector de fijo. El proceso mismo de la realización de filmets políticos, el sentido de cálculo implícito en las repeticiones, devienen el eje de la historia, y no simplemente una anécdota o una ilustración.*

Cómo se vende un presidente *es modélico como reportaje, particularmente en cuanto a captación de diálogo. McGinniss consiguió introducirse en los equipos de relaciones públicas y publicidad de Nixon —como reportero, no como infiltrado— y permanecer dentro de la cam-*

paña durante su largo periplo, para recoger personalmente estas escenas extraordinarias. Cómo se vende un presidente *es un libro desigual, como muchos han apuntado, pero eso no me preocupa cuando el reportaje se efectúa de la forma en que se ve aquí. T.W.*

Richard Nixon grabó, en el Hotel Pierre, una serie de *spots* de uno a cinco minutos de duración, el lunes por la mañana, 21 de octubre de 1968. Frank Shakespeare no se sentía demasiado satisfecho de cómo se habían realizado estos *spots*. «El candidato estaba enojado», afirmó, «enojado y fatigado.»

Shakespeare consiguió que le reservaran, al fondo del escenario del teatro de la calle 44, en el cual se representaba el *show* de Merv Griffin, un espacio, para la mañana del viernes, 25 de octubre; Richard Nixon se prestó, de buen grado, a grabar otra serie.

Se delegó a Mike Stanislavsky, uno de los directores de Teletape, el estudio cinematográfico, para que diseñara el marco más idóneo para la ocasión. Habilitó el de rigor: estanterías repletas de libros, recio escritorio de color caoba... si bien introdujo una novedad. Una ventana. Su diseño exigía una ventana entre dos librerías situada detrás de la mesa del despacho. «Imparte agilidad», dijo, «no una agilidad física, sino más bien psicológica.»

Harry Treleaven acudió al teatro a las 10:10 h del viernes por la mañana. El servicio secreto estaba ya presente. El día era gris y desapacible, y no desentonaba de los que le precedieron. Treleaven se dirigió a una mesa, colocada en el extremo del espacio reservado, sobre la que se amontonaban tacitas de papel al lado de una cafetera. A las 10:40 h el servicio secreto recibió una llamada: el candidato estaba en camino.

Richard Nixon entró en el estudio a las 10:50 h. Se dirigió, inmediatamente, a un camerino contiguo conocido por Cuarto Verde, donde aguardaba Ray Voege, el rubio y flemático maquillador, con los polvos y los afeites.

A las once en punto reapareció Nixon del Cuarto Verde. Entre la puerta del camerino y el piso del escenario había un desnivel de tres o cuatro pulgadas. Nixon no lo advirtió y, al franquear la puerta, tropezó. Esbozó una sonrisa, un acto reflejo, y Frank Shakespeare le condujo a escena.

Ocupó su puesto ante la recia mesa de color caoba. Le gustaba apoyarse en la mesa, sentarse despreocupadamente al borde del escritorio, mientras grababa los *spots*, pues esta postura daba al ambiente, en su opinión, un tono desprovisto de protocolo.

Se hallaban reunidas, formando un semicírculo alrededor de las cámaras, por lo menos veinte personas, entre técnicos y asesores. Richard Nixon reparó en el grupo y frunció el ceño.

–Cuando comencemos –dijo– procuren que todos aquellos que no estén directamente relacionados con este trabajo se encuentren fuera del campo de mi visión. De este modo no tendré que estar desviando la mirada.

–Comprendido, señor. Muy bien. Despejen el escenario. Todo aquel que no tenga que hacer en este lugar, haga el favor de abandonar el escenario. Salgan, por favor.

Había un individuo en un rincón disparando, incansablemente, su cámara fotográfica. Su flash relampagueó varias veces consecutivas. Richard Nixon miró en aquella dirección. El individuo en cuestión había sido contratado por la plana mayor de Nixon para tomar fotos oficiosas durante la campaña electoral, a efectos históricos.

–¿Sigue usted con las fotos? –inquirió Richard Nixon–, ¿se trata de las que encargamos? Bien, suspéndalas por el momento –le conminó acompañando las palabras con un ademán del brazo. Añadió–: Guárdelas. Tenemos más que suficiente de estas malditas fotos.

Richard Nixon giró sobre sus talones para ponerse de cara a las cámaras.

–Cuando me den ahora la señal de los quince segundos, me la dan precisamente desde debajo de la misma cámara. De este modo no tengo que estar moviendo constantemente los ojos.

–Comprendido, señor.

Entró entonces Len Garment con unas cuantas cifras anotadas referentes a la creciente tasa de criminalidad registrada en la zona de Buffalo, que era, precisamente, una zona en la que Nixon temía rezagarse. Se sospechaba, en aquellas fechas, que el margen de ventaja de Humphrey en Buffalo podría ser lo bastante amplio como para comprometer el triunfo de Nixon en el estado de Nueva York. Len Garment dijo que les gustaría grabar un programa de un minuto dedicado a Buffalo, centrándose en el aumento de la criminalidad. Mostró a Nixon sus apuntes repletos de estadísticas.

–¿Son las cifras, en esta zona, superiores a las demás? –preguntó Nixon.

Len Garment respondió enfáticamente que, en efecto, lo eran. Nixon examinó breves instantes los apuntes y los devolvió.

–Muy bien –dijo.

Terminado esto, estuvieron dispuestos para empezar. Richard Nixon se sentó al borde de la mesa, con los brazos cruzados, los ojos fijos en el objetivo de la cámara.

–Avisen cuando se dispongan a comenzar, con un segundo o dos de anticipación –dijo–, de lo contrario me pillan ustedes en frío –hizo una mueca– y salgo luego con semejante expresión.

–Sí, señor, comprendido. Estamos ya preparados.

–¿Van a empezar ahora?

–Sí, señor, inmediatamente. Sonido.

La luz roja de la cámara número uno comenzó a resplandecer; la cámara emitió un rumor apagado, más bien un silbido, y el registro sonoro emitió tres zumbidos indicando que estaba actuando.

–Al entrar en los últimos días de esta crítica campaña –dijo Richard Nixon–, una cuestión que suscita grandes discrepancias entre los dos candidatos es la de la ley y el orden en los Estados Unidos. El señor Humphrey defiende la actuación de los cuatro años últimos. Defiende al fiscal del Supremo y su política. Discrepo completamente en esta cuestión. Digo que, cuando el crimen aumenta a un ritmo nueve veces superior al de la población, cuando hemos tenido disturbios en trescientas ciudades que nos han costado doscientos muertos y siete mil heridos, cuando el cuarenta y tres por ciento del pueblo americano teme andar de noche por las calles de sus ciudades, entonces es que ha llegado la hora de hacer limpieza, es que ha llegado la hora de nombrar un nuevo fiscal del Tribunal Supremo, es que ha llegado la hora de desencadenar la guerra a ultranza contra el crimen en Estados Unidos. Yo me

146

comprometo a desempeñar esta misión. Y me comprometo, ante ustedes, a volver a tener, nuevamente, la libertad de alejar el miedo de las ciudades y calles de toda América.

Se volvió, inmediatamente, hacia un técnico.

–Vamos a probar otra vez –dijo–. Esto peca de largo. –Frank Shakespeare murmuró algo desde el extremo del escenario.

–Bueno, este no sirve –dijo Richard Nixon–, pues he cambiado de parecer. Tengo que abreviar un poco al comienzo.

Frank Shakespeare murmuró algo más. El registro sonoro zumbó tres veces.

–Sí, ya lo sé, pensándolo mejor le daremos otro matiz al final –dijo Richard Nixon.

Mike Stanislavsky salió por detrás de una cámara.

–Cuando levanta la cabeza y se dispone a comenzar, levántela a la cámara por un instante...

–Comprendido –asintió Richard Nixon...

–... y entonces comience a hablar para que podamos...

–¿Todo marcha, Mike? –preguntó un ayudante.

Mike Stanislavsky se volvió.

–Procura que todo el mundo guarde silencio aquí, por favor. Se filtró un pequeño ruido durante la última toma. Apártense, por favor. Vamos –miró a Nixon–. Cuando usted guste –añadió.

–Al entrar en los últimos días de esta crítica campaña –comenzó Richard Nixon– hay una cuestión en que la discrepancia entre los candidatos es más clara que el agua. Y esta es la cuestión de la ley y el orden en los Estados Unidos. El señor Humphrey defiende la actuación de los cuatro años últimos, defiende al fiscal del Supremo y su política. –Nixon sacudió enérgicamente la cabeza, para reafirmar su desaprobación–. Estoy en completo desacuerdo con él –dijo–. Afirmo que, cuando el crimen crece a un ritmo nueve veces superior al de la población, y cuando el cuarenta y tres por ciento del pueblo americano no se recata de decir que tiene miedo de andar por las calles de sus ciudades por la noche, es que ha llegado la hora de hacer limpieza a fondo. Abogo por un nuevo fiscal del Supremo. Y me comprometo... –se confundió ostensiblemente al llegar aquí, como si compromisos y alegatos acabasen de colisionar, violentamente, en su cerebro.

–¡Oh!, volvamos a empezar –dijo–. Pueden seguir rodando, ¿no?

Se oyeron los tres zumbidos de rigor en el registro sonoro.

–Silencio, por favor, vamos –dijo Mike Stanislavsky–. Cuando usted diga.

Al Scott y Harry Treleaven vigilaban desde una sala de control situada, justamente, debajo del escenario y separada de este por un tramo de escaleras.

–Hubiese preferido que empleara el teleprónter –dijo Treleaven.

–Me estuvo rondando la idea por la cabeza durante un año –dijo Scott–. De todos modos el público cree que les...

Pero Nixon rechazó el teleprónter desde el comienzo. Retenía todas las cifras –el crimen aumenta a un ritmo nueve veces superior... 300 poblaciones... 200 muertos... 7.000 heridos... el 43 por ciento del pueblo americano tiene miedo a... Lo almacena todo en la cabeza, como la fecha de la Batalla de Hastings.

Nixon recomenzó:

–Al entrar en los últimos días de la campaña electoral de mil novecientos sesenta y ocho, surge una cuestión sobre la que hay una crítica diferencia de opinión entre los dos candidatos y esta es la cuestión del orden y la ley en los Estados Unidos. El señor Humphrey promete proseguir la política del último...

Se paró de repente.

–Tampoco me gusta esto –dijo–. Vamos a... Pondremos otra cosa aquí.

Otra vez los tres zumbidos del registro. Richard Nixon continuaba sentado al borde de la mesa, mirando pensativamente al suelo. Apoyaba la barbilla en el puño.

–Reflexiono sobre la forma exacta de este *spot* y en seguida estoy preparado. –Hizo una pausa; luego hizo un gesto de asentimiento con la cabeza.

–Muy bien –dijo.

–¿Preparados? –preguntó Mike Stanislavsky–. Perfectamente. Apártense. En marcha nuevamente. Silencio, por favor.

–Al entrar en los últimos días de esta crítica campaña de mil novecientos sesenta y ocho, surge una cuestión en la que hay una completa discrepancia de criterio entre los dos candidatos. Esta es la cuestión de la ley y el orden en los Estados Unidos. El señor

Humphrey defiende la actuación de los últimos cuatro años, defiende al fiscal del Supremo y su política. Pero yo estoy en completo desacuerdo. Afirmo que, cuando la criminalidad aumenta a un ritmo nueve veces superior al de la población, y cuando el cuarenta y tres por ciento del pueblo americano teme andar por las calles de sus ciudades durante la noche, es que ha llegado el momento de una política nueva. Abogo por un nuevo fiscal del Supremo. Voy a empeñarme en una guerra a ultranza contra el crimen organizado que impera en este país. Os prometo que vamos a contar con fuerzas de seguridad que restablecerán la libertad y que alejarán el terror de las calles de las ciudades americanas, y en todo el ámbito de nuestro gran país.

Pararon las cámaras.

–Más breve queda todo mejor –dijo Richard Nixon.

–Completamente de acuerdo.

–Probaremos una vez más –dijo Nixon– únicamente para facilitarles... –Hizo un ademán con la mano, dando a entender que aguardaba a que continuasen las cámaras–. Cuando gusten, y cuando terminemos con este les daré un *spot* sobre Buffalo.

De nuevo los tres zumbidos clásicos del registro sonoro. Frank Shakespeare se adelantó ignorante de lo que ocurría.

–Sí, vamos a probar una vez más –le dijo Nixon.

–Cuando usted disponga, Mike –anunció un ayudante.

–De acuerdo, silencio, por favor. En marcha. Preparados, señor. Cuando usted mande.

Nixon tenía atados, esta vez, todos los cabos; las parrafadas habían quedado adecuadamente ordenadas en su mente. Aquello era ahora el producto acabado. En esta definitiva versión el ritmo daría el contrapunto a las estadísticas.

–Al entrar en los últimos días de esta crítica campaña electoral de mil novecientos sesenta y ocho, surge una cuestión sobre la que reina una total discrepancia de criterio entre los dos candidatos a la presidencia. Y esta es la cuestión del orden y la ley en los Estados Unidos. El señor Humphrey defiende la actuación de los cuatro años últimos, justifica la gestión del fiscal del Supremo y su política. Discrepo por completo –esta vez sacudió la cabeza con más vigor aún–. Afirmo que, cuando la criminalidad crece a un ritmo nueve veces más rápido que el de la población, cuando el cuarenta y tres por ciento del pueblo americano indica, en una reciente encuesta, que siente miedo de andar por las calles de sus ciudades durante la noche, es señal de que nos hace falta una limpieza a fondo en Washington. Abogo por un nuevo fiscal del Supremo. Me comprometo a emprender una guerra a ultranza contra el crimen organizado. Os prometo que el primer derecho civil de todo americano, el derecho a vivir libre de la violencia en su territorio, será nuevamente respetado y protegido en nuestra gran nación.

Había terminado.

–Muy bien –dijo–. Con este hacen dos para que se vayan entreteniendo. Ahora probaremos Buffalo.

Tres zumbidos.

–Este *spot*, ¿es también de un minuto? –inquirió Nixon.

–¿Listo, Mike? –preguntó un ayudante.

–Sí, señor, de un minuto. Silencio, silencio. Adelante, por favor. Cuando usted diga, señor.

Richard Nixon clavó su mirada en la cámara con una expresión de honda preocupación en su rostro. «¿Son las cifras, en esta zona, superiores a las demás?», recordaba haber preguntado.

–Al leer unas recientes estadísticas del FBI me entero de que Buffalo y el Condado de Erie pueden exhibir una aterradora alza de la tasa del crimen. Juzgo que está en nuestras manos evitarlo. Pero no podremos hacer nada para impedirlo si continúa el gobierno anterior. El señor Humphrey se muestra partidario de una continuidad de este gobierno. Defiende al fiscal del Supremo y su gestión. Yo, en cambio, me pronuncio por un fiscal nuevo. Desataremos una guerra a ultranza contra el crimen organizado por todo el ámbito de nuestra nación. Vamos a conseguir que en las ciudades de nuestro país, y en las calles de nuestras ciudades, cese de imperar el miedo. Con vuestra ayuda, el primer derecho civil de todo americano, el sagrado derecho a desterrar la violencia de nuestro territorio, volverá a ser un derecho del que todos podremos disfrutar.

Estas palabras de «el primer derecho civil», no se le habían ocurrido hasta la última versión del primer *spot*. Pero le gustaban hasta tal punto, saboreaba tan exquisitamente la modulación con que las emitía, que por nada del mundo iba a suprimirlas. Era, exactamente, como si un viejo y querido amigo le hubiese hecho una visita por sorpresa aquella desapacible mañana.

–Ensayemos una vez más –dijo Richard Nixon.

–Pero si está extraordinariamente bien –aseveró Frank Shakespeare.

Se escucharon los tres zumbidos del registro sonoro.

–Bueno, siempre nos quedará el recurso de utilizar este, pero probaremos otra vez por si acaso –dijo Richard Nixon.

Shakespeare intervino.

–Si va a repetirlo y al llegar al final insiste en lo mismo, diga: «... será un derecho del que disfrutaremos todos en Buffalo»; hay que velar por lo de Buffalo...

Richard Nixon asintió.

–Ya, ya, estoy de acuerdo.

–Cuando usted mande, Mike –dijo el ayudante.

–¿Preparados todos? Por favor, silencio. Venga, otra vez. –Mike Stanislavsky miró a Nixon–. Preparados, cuando usted disponga.

–Al leer unas recientes estadísticas del FBI me entero de que el área del Condado de Erie y Buffalo es una de las áreas que presenta un terrorífico aumento de la criminalidad en el curso de los últimos años. Sostengo que tenemos que acabar con esto. Y para acabarlo hará falta un nuevo liderato en la cumbre de los Estados Unidos. Humphrey aboga para que prosiga el anterior liderato. Defiende al fiscal del Supremo. Y defiende la gestión de dicho fiscal. Disiento en absoluto. Afirmo que nos hace falta un fiscal nuevo, que es absolutamente indispensable desencadenar una guerra a ultranza contra el crimen organizado en Estados Unidos de América. Y os prometo que con un nuevo gobierno tendremos otra vez libertad para desterrar el miedo de América. Todo el pueblo americano disfrutará, nuevamente, del amparo de este derecho civil primordial, que es el derecho a alejar la violencia, de una vez para siempre, de nuestro territorio.

Pararon las cámaras.

–Creo que ha quedado bien –dijo Nixon–. ¿Cuánto tiempo ha durado este *spot*?

–Cuarenta y ocho segundos.

Pero, en el intervalo, se había producido un problema técnico. La sirena de un vehículo de la Policía que porfiaba por abrirse paso en una calle contigua, había sido captada por la cinta sonora.

–*Cinéma vérité* –comentó alguien.

No obstante, Harry Treleaven lo consideró, sencillamente, como una verdadera pifia. Se recibió aviso del cuarto de control, la grabación debía repetirse.

–Pregunten la razón –dijo Richard Nixon.

–Díganle que tuvimos un problema técnico –replicó Garment.

Pero esto no bastaba como toda justificación.

–No deseamos repetirla a menos que sea absolutamente indispensable –dijo Frank Shakespeare. Podía percatarse de que el talante de Nixon, que cabía considerar excepcionalmente halagüeño hasta el momento, se estaba ensombreciendo por instantes.

–Es absolutamente necesario –aseguró Garment desde el cuarto de control.

–¿Por qué? –inquirió Shakespeare.

–Será mejor que vaya usted y se lo explique, Len –aconsejó Harry Treleaven.

Len Garment subió los peldaños. Mientras estaba en camino, Nixon dijo a Shakespeare:

–No se olvide preguntar el porqué, así sabré qué cambios hay que hacer; si desea un tono distinto o lo que sea.

–No voy a preocuparme –dijo Shakespeare.

–No; lo repetimos y en paz –dijo Nixon.

Len Garment explicó lo de la sirena, aseguró a Richard Nixon que su tono había sido magnífico, y se encaminó nuevamente al cuarto de control mientras Nixon ocupaba otra vez su puesto en el borde del escritorio. El registro sonoro zumbó tres veces.

–Muy bien, Mike, estamos preparados.

–De acuerdo, silencio, por favor, vamos otra vez. Cuando usted guste, señor.

–Los últimos datos del FBI indican que el Condado de Erie y Buffalo son una de las áreas en que se pone de manifiesto el mayor aumento de la criminalidad... No, comencemos de nuevo. Sigamos sin más.

Tres zumbidos.

–Preparados –dijo el enlace.

–Preparados –corroboró Richard Nixon.

–Cuando usted guste –dijo Mike Stanislavsky.

–Leyendo... –comenzó Nixon. Cerró los ojos y frunció el ceño–. No –dijo.

Tres zumbidos del registro sonoro.

–Muy bien –dijo Nixon–. Leyendo los últimos datos del FBI averiguo que el más pasmoso aumento de la criminalidad... ¡Oh, no, no...!

Sacudió la cabeza negativamente. El registro sonoro zumbó tres veces. Nixon miraba otra vez al suelo, concentrándose.

–Una vez más, y quedará redondo –dijo.

–Entendido. Silencio, por favor. Sonido. Cuando usted guste.

–Leyendo los recientes datos del FBI, uno de los más aterradores aumentos de la criminalidad, en todo el país, se registró en el Condado de Erie y Buffalo. –Nixon estaba impaciente ahora y se lanzó a fondo, sin importarle gran cosa la sintaxis–. Pienso que podemos hacer algo para arreglarlo. Hubert Humphrey aboga por la continuación del liderato de los últimos cuatro años. Defiende al fiscal del Supremo y la actuación del Departamento de Justicia. Pero yo discrepo completamente. Afirmo que nos hace falta un nuevo fiscal del Supremo. Que es indispensable desencadenar una guerra a ultranza contra el crimen organizado en este país; necesitamos garantizar el primer derecho civil de todos los americanos, que es el derecho a estar protegidos de la violencia. Y les digo a todos mis amigos de Buffalo que pueden ayudar a afianzar este derecho, en beneficio de todos sus vecinos, con sus votos del cinco de noviembre. Voten por un nuevo Gobierno. Voten para arrojar de sus cargos a aquellos que no han sabido defender este derecho, el derecho a eliminar, para siempre, la violencia de nuestro territorio.

Terminó, satisfecho de poder desembarazarse definitivamente de las estadísticas del FBI, del pueblo de Buffalo, del Condado de Erie y de su terrorífico aumento de la criminalidad.

–Conforme –dijo–. No tiene tanta importancia como para repetirlo tantas veces, pero ahora está bien. Ya está hecho y no se hable más. El último era... –Pero sus ideas se desviaron repentinamente–. Ahora haremos el del Sur.

–Dígame cuando esté preparado –dijo Mike Stanislavsky. Tres zumbidos del registro sonoro.

–Este es otro de un minuto –dijo Nixon. Hurgaba en los bolsillos de su chaqueta. Comenzó a inspeccionar la mesa sobre la que se hallaba sentado–. ¿Los ha retirado usted, Dwight? –preguntó a su ayudante–. ¿Estos apuntes que guardaba aquí?

Dwight Chapin dijo que no.

–Hace un instante estaban sobre esta mesa.

Hubo una pausa de sesenta segundos mientras se buscaban los apuntes y se daba con su paradero. En seguida se oyeron los tres zumbidos.

–¿Preparados?

–Muy bien –dijo Richard Nixon–. Probablemente tendremos que grabar más de una vez... a causa de la precisión... ya les consta a ustedes que en esto soy meticuloso... Presten atención. ¿De acuerdo?

–Apártense, por favor. Silencio. Preparados para cuando usted guste, señor.

–Hay no poca ambigüedad en el Sur en cuanto a lo que realmente nos jugamos en esta elección de mil novecientos sesenta y ocho, y creo que ya es hora de poner las cosas en claro. Si fuera a darse un voto franco y abierto respecto a si el pueblo del Sur desea que continúen, durante cuatro años más, los hombres que les gobernaron estos últimos años, a si quieren que Hubert Humphrey se instale en la Casa Blanca, la votación sería de tres a uno en contra suya. Solamente si la votación se divide es posible que Hubert Humphrey sea elegido presidente de los Estados Unidos. Y es por esto que os pido que no dividáis vuestro voto el cinco de noviembre. Procúrense la nueva jefatura que América merece votando a nuestro equipo, una jefatura que restablezca la ley y el orden, que imponga la paz fuera, y que la mantenga, una jefatura que otorgue a América nuevamente el progreso sin inflación y la prosperidad sin la guerra. Haced que vuestro voto cuente.

Richard Nixon se volvió hacia Stanislavsky.

–¿Cuánto tardamos con este? ¿Cincuenta y dos segundos?

154

–Exactamente.

En el cuarto de control, Al Scott dio un suspiro de admiración.

–¿Qué le parece? –dijo–, sabe exactamente hasta dónde puede llegar. Sin reloj. ¡Qué sentido del tiempo!

–Bien, pueden probar este como uno más –decía Richard Nixon–. Y llegada la ocasión, lo utilizan... Vamos ahora a barajarlo un poco.

Shakespeare se adelantó.

–Desde luego –dijo–, ¿lo ensayamos otra vez?

–Sí, voy a repetirlo.

Otra vez los tres zumbidos.

–Este es muy importante que salga bien –dijo Richard Nixon.

–Sí, señor.

–Y en caso de necesidad, ustedes mismos... Bueno, estoy preparado.

–Silencio, por favor –dijo Stanislavsky–. En marcha. Cuando usted guste.

–Hubo no pocas ambigüedades acerca del papel del Sur en la campaña de mil novecientos sesenta y ocho, y creo que ha llegado la hora de poner las cosas en claro. Si fuera a darse una votación franca y abierta respecto a si el pueblo del Sur desea que prosigan en el cargo aquellos que han contribuido a formular la política de los últimos cuatro años, en otras palabras, si abogan por Hubert Humphrey como presidente, el voto sería de tres a uno en contra suya. Solamente si este voto se divide, cabe una posibilidad de que Hubert Humphrey cuente con una oportunidad de ser elegido presidente de los Estados Unidos. Y yo les digo, no hagan su juego. No dividan su voto. Voten por el equipo, el único equipo que puede depararles la nueva jefatura que América necesita, el equipo Nixon-Agnew. Y me comprometo ante ustedes a restablecer la ley y el orden en este país, les prometo que impondremos la paz fuera y restableceremos el respeto que se le debe a América en todo el mundo. Y proporcionaremos esta prosperidad sin guerra, y el progreso sin la inflación, tal y como todos los americanos anhelan.

–Esto está todavía mejor –dijo Frank Shakespeare–, muy bien expuesto.

–Sí, que sirvan los dos –dijo Nixon–. Emplearemos ambos.
–Se puso de pie–. Voy a ponerme a un lado y alejarme de la luz
durante un minuto antes de la siguiente grabación.

Se dirigió a un extremo del escenario.

–Sudo lo indecible –dijo.

Cuando regresó, fue para anunciar que deseaba hacer un *spot*
especial, de un minuto, sobre la huelga de profesores de Nueva
York.

Esto no había sido programado. Era una idea del propio
Nixon, y a Harry Treleaven y Len Garment, que se hallaban en el
cuarto de control, les pareció alarmantemente inoportuna. Nixon
acababa de regresar la noche anterior a la ciudad, tras su gira electoral. Hablar así, de pronto, sobre un problema local –tan delicado como ese, por añadidura–, a solo dos semanas de la jornada
electoral, parecía poco propicio para mejorar, o bien la situación,
o bien la imagen de un Nixon como jefe ejecutivo en el exilio,
desapasionado y dueño de sí mismo.

Ocupó, de nuevo, su puesto sobre la mesa.

–Voy a grabar otro de un minuto... esta vez para Nueva York.

–¿Lo graba ahora? –preguntó Frank Shakespeare.

–Sí, ahora mismo.

Shakespeare dijo algo más.

–Para Nueva York –reiteró Nixon.

Mike Stanislavsky anunció:

–Vamos a tener otro de un minuto para Nueva York.

–De acuerdo, ya dirá cuándo, Mike –dijo el enlace.

–Muy bien, apártense. Silencio todos, por favor, estamos gra-
bando. –Hizo un gesto con la cabeza a Nixon–. Cuando usted
guste.

Nixon asintió con un gruñido. Se encendió la luz de la cámara.

–Mientras viajaba por el país pude advertir un inmenso interés
y preocupación por la huelga de profesores de Nueva York. Por
supuesto, no pienso tomar partido... –No, no era esta, indudable-
mente, la mejor manera de exponerlo–. No, supriman esto –dijo
Nixon–. Vamos a recomenzar.

Esta vez sonaron únicamente dos zumbidos.

–Muy bien, cuando usted guste, señor.

–Mientras proseguía mi campaña por toda América estos últimos días, advertí una inmensa preocupación por la huelga de profesores de Nueva York. Ahora bien, sin querer entrar de lleno en los pormenores de esta polémica, entiendo que un punto sobre el que conviene hacer hincapié, y que no ha sido destacado lo bastante, es que la causa principal del problema es la ley y el orden en nuestras escuelas. No creo que podamos pedir que los profesores acudan a sus aulas cuando no hay disciplina y cuando no cuentan con el apoyo de sus respectivas juntas escolares. Creo que cuando pedimos a alguien que enseñe a nuestros hijos debemos dar a nuestros profesores el respaldo que merecen. La disciplina en las aulas es esencial si queremos que nuestros hijos aprendan. Es esencial si nuestros profesores asumen la obligación de enseñar. Procuremos que reine el orden y el respeto a la ley en las aulas de América, en el mejor sentido de la palabra. Esta es la única manera de conseguir una educación mejor para los hijos de América.

Se escucharon dos zumbidos de la máquina grabadora. Abajo, en el cuarto de control, Len Garment y Harry Treleaven se miraban estupefactos. Ninguno sonreía. Garment no paraba de agitar la cabeza con un movimiento vivo y nervioso.

–No hay que apurarse, Len –dijo Treleaven–. Jamás surcará el espacio.

Arriba, Frank Shakespeare se adelantó para hablar con Nixon. Nixon lo miró.

–Ya está bien –dijo Richard Nixon–, esto sí que es dar en la misma diana, todo este fregado de los profesores... Siempre vamos a parar a lo mismo, la ley y el orden y los malditos grupos negroportorriqueños de estos contornos.

Shakespeare se quedó contemplando a Richard Nixon.

–No me importa si son blancos o qué diablos son –dijo Nixon–, pero cuando le dan a un profesor en la cabeza, maldita sea, pierden todo derecho a asistir a la escuela. Es así de simple. Bueno, ahora haremos uno de cinco minutos.

Era bastante después del mediodía cuando Richard Nixon abandonaba el teatro. Su amigo, Paul Keyes, el del programa *Ríase con nosotros*, estaba a su lado. Dwight Chapin y todos los demás

–que no le dejaban ni a sol ni a sombra– estaban, naturalmente, allí; con los cabellos bien recortados y sus impecables ternos oscuros.

En el instante de atravesar el vestíbulo delantero, un componente del *show* Merv Griffin, un individuo que conocía a Nixon de los días en que este fue un invitado del programa, se le acercó para desearle buena suerte. Richard Nixon se detuvo, aceptó el apretón de manos y sonrió. Un empleado mantenía abierta la puerta del automóvil de Richard Nixon. La policía había abierto, a duras penas, un pasillo a través del reducido grupo que se había congregado junto a la entrada.

–Salude de mi parte a todos los del *show* –dijo Richard Nixon.

El individuo dijo que no se olvidaría de hacerlo.

–Oiga. ¿Sigue todavía con ustedes aquella señorita tan chistosa?

El individuo del *show* aseguró que no sabía a qué señorita chistosa se refería Nixon.

–¿No comprende? Aquella de la voz tan graciosa.

El individuo hizo un ademán dando a entender que no comprendía en absoluto. No sabía qué decir. Richard Nixon era el único que sonreía. Todos los demás empezaban a sentirse un tanto incómodos.

–¿No acierta? –insistía Nixon–, ¿aquella dama tan cómica?

El individuo miraba más allá de Nixon, a sus acompañantes. Buscaba, evidentemente, ayuda.

Intervino Paul Keyes, el del programa *Ríase con nosotros*. Era un hombre grueso, de pelo gris y gafas. El clásico tipo de republicano que se imagina que John Wayne representa una positiva ayuda para el partido.

–¡Ah! Se refiere usted a Tiny Tim –dijo Paul Keyes a Richard Nixon. Y mientras todos se reían, Nixon más que ninguno, Paul Keyes empujó al hombre hacia la puerta que acabó de abrirse y Richard Nixon franqueó el umbral y ganó la calle donde aguardaban los automóviles.

ROBERT CHRISTGAU
BETH ANN Y LA MACROBIÓTICA

Este fue el primer artículo de revista escrito por Robert Christgau. Enseña una valiosa lección: esto es, con frecuencia le resulta más fácil a un reportero penetrar una situación delicada de lo que él mismo u otra persona pudiera imaginar. En la época (1965) tenía Christgau veintitrés años y trabajaba como reportero para la Dorf Feature Service, una agencia más o menos parecida al viejo Chicago City News Bureau, que proporcionaba noticias y artículos locales a los periódicos. Christgau era el único reportero de servicio una noche en la que el Herald Tribune *de Nueva York pidió un artículo sobre la muerte de Beth Ann Simon, una chica que aparentemente había muerto de hambre por su fanática adhesión a la dieta macrobiótica Zen n.° 7. La tarea inmediata de Christgau consistía en telefonear al padre de la muchacha y ver qué tenía que decir sobre la cuestión.*

—Esto me hizo realmente polvo —observa Christgau—, porque realmente nada me revienta tanto como ese tipo de trabajo en el que tienes que llamar al padre de la chica muerta y todo eso. Es asqueroso. Cuando reuní ánimos y le telefoneé, para mi sorpresa me estuvo hablando cuarenta minutos. Creo que fue porque yo sabía lo que era la macrobiótica.

No le resultó tan fácil con el marido de Beth Ann, Charlie, pero al fin se le confió aún más completamente que el padre de la muchacha. «Charlie dijo que me sentía revoloteando a su alrededor como una mariposa nocturna», explicó Christgau. Ambas partes —Charlie y el padre— acabaron por preferir que se contase detalladamente esta historia, en vez de dejarla como el sensacionalista «Casa de la Dieta Zen», como fue conocida en muchos periódicos.

«Beth Ann y la macrobiótica» parece escrito con tal facilidad que podría pasarse por alto la perfección de su estructura, cuyo acabado tiene una calidad del relato clásico norteamericano. Es como si Christgau se concentrase sobre la imagen final de la historia –la gota de jugo de zanahoria–, descartando todos los detalles que no contribuyen a aumentar su nitidez. Lo único que le falta a este trabajo es diálogo... una limitación que, como digo, se da en todas las historias en las que el periodista ha de reconstruir las escenas en lugar de presenciarlas personalmente. T. W.

Una tarde del pasado mes de febrero, Charlie Simon y su mujer, Beth Ann, paseaban por el parque de Washington Square. Los Simon no salían a menudo, pero cuando lo hacían la gente se fijaba en ellos. Charlie, delgado y moreno, llevaba una frondosa barba y cabello largo hasta los hombros, llamativo incluso en el Village. Beth Ann, pequeña de busto y grande de caderas, de resplandeciente pelo negro, cara aceitunada y ojos inmensos, resultaba más que llamativa... era hermosa.

Beth Ann y Charlie estaban volados. Lo estaban por el tiempo, que era claro y tibio. También lo estaban por la marijuana, lo cual no era nada nuevo. La habían probado muy a menudo desde su regreso de México a finales de 1963. Durante ese tiempo también habían estado volados gracias al hashish, la cocaína, la heroína, las anfetaminas, el LSD, y el DMT (Di-metil-triptamina), por no hablar del sexo, la comida, el arte y las infinitas posibilidades del espíritu humano.

Por desgracia, se habían sentido también desdichados precisamente a causa de las mismas cosas, y la desdicha parecía tomar la supremacía. La libertad sexual de su matrimonio tendía a empequeñecerse un poco. Pensaban en hacerse vegetarianos, sin saber exactamente el porqué. Hacían objetos artísticos en un chorro impulsivo, aunque sospechaban que el arte era únicamente una defensa egoísta, una fortificación erigida por el yo contra sus más amplias posibilidades. Aun así, eran esas más amplias posibilidades, que desvelaban las drogas, las que les hacían más desdichados, por cuanto habían descubierto que la experiencia religiosa instigada por los alucinógenos tenía sus aspectos diabólicos, y el Diablo les había arrastrado en viajes que ellos realmente no deseaban hacer.

Los Simon atravesaban una depresión, y sabían que iba a aumentar todavía más. La adicción física no constituía problema; la adicción era psíquica y social. Rechazar la droga habría significado el rechazo de todo un estilo de vida. No obstante, aunque parecía imposible, lo intentaban. Habían conseguido dejar el café y el tabaco, y soñaban con instalarse en el campo y tener el niño que casi les llegó dos años antes, hasta que Beth Ann tuvo un aborto. Es probable que al saborear una pizca de Naturaleza en el parque, con el sol irradiando sus rayos por entre los árboles pelados, estuvieran soñando con aquel sueño... los dos lejos, en una granja, libres de toda la fealdad y la complicación del escenario urbano de la droga, con tiempo para meditar, para trabajar, para desarrollarse. El sueño debió de hacerse casi palpable en el frescor del aire. Luego la Naturaleza les volvió la espalda y golpeó a Charlie en la cabeza.

Porque la desdicha no era únicamente espiritual, se manifestaba de forma física. Beth Ann padecía dolores intermitentes en las piernas, Charlie sufría fuertes jaquecas. Las jaquecas le atormentaban casi diariamente desde hacía años, con frecuencia hasta cuatro o cinco veces al día. Muchas duraban un par de horas, y una le asedió durante dos días. Los médicos no podían hacer nada; los psicoanalistas eran inútiles. De vez en cuando había un respiro –el LSD le proporcionó alivio durante un mes– pero siempre volvían. Y así, inevitablemente, en aquel hermoso día de Washington Square, un dardo doloroso cauterizaba la cabeza de Charlie Simon.

Los Simon vivían en el 246 de Grand Street, entre Chrystie y el Bowery, donde alquilaron los dos pisos que había sobre un pequeño snack por 100 dólares. Pero Charlie, con los bolsillos llenos de pastillas Florinal y Cafergot, decidió buscar alivio en la casa de un amigo en Bedford Street, en la parte oeste del Village, y al llegar se encontró con que su amigo le había encontrado algo nuevo que probar.

Su mujer había estado tonteando con la dieta macrobiótica, un régimen ampliamente vegetariano basado en semillas desarrolladas orgánicamente y la supresión del azúcar, que se explica en un libro titulado *Macrobiótica Zen*, escrito por el sedicente filósofo-científico Georges Ohsawa. El libro contiene una prolija sección en la que se prescriben remedios para prácticamente todos los achaques humanos, desde la caspa hasta la lepra, por ejemplo: «JAQUECA: Dieta n.° 7 con un poco de gomasio. Quedarás curado en pocos días».

Charlie se mostró escéptico. Había comido en el restaurante macrobiótico, el Paradox, seis meses atrás, y no le impresionó ni la clientela ni la comida. Pero aceptó una cucharada de gomasio, una mezcla de sal marina y semillas de sésamo, el condimento base de la dieta macrobiótica. Se la tragó. Y la jaqueca se esfumó al instante. Fue el fin de toda una vida pasada para Charlie. Para Beth Ann, fue el principio de muchísimo más.

Charlie y Beth Ann –los amigos se referían invariablemente a ellos como una unidad– eran algo especial en el barrio. Ambos tenían veintitrés años, vivían principalmente del cheque semanal del padre de Charlie, un próspero aunque no opulento dentista de Clifton, Nueva Jersey. Aunque el asiduo medio de los cafés podría codiciar semejante arreglo, vivir de los padres está raramente bien visto entre los artistas en funciones. No obstante, los artistas en funciones del círculo de los Simon jamás hicieron preguntas. El carácter místico de la relación de los Simon con la droga resultaba también fuera de lo corriente. Para la mayor parte de sus amigos de más edad, la marijuana era un juego, no un estilo de vida, y las demás drogas debían usarse con una cautela extrema.

Pero Charlie y Beth Ann no eran personas cautelosas, y era eso, más que sus considerables dotes artísticas e intelectuales, lo que les hacía carismáticamente atractivos para un buen número de artistas jóvenes sinceros y de moderado éxito. Charlie y Beth Ann eran los entusiastas, los extremistas, los evangelistas. Si había que probar algo –ya fuese el jazz o los automóviles Morgan, o las drogas psicodélicas (que expanden la conciencia) o una nueva receta de cocina–, lo ponían a prueba hasta el límite. Su compromiso era siempre absoluto. Y siempre volvían para predicar la palabra.

De pronto, la macrobiótica se convirtió en el nuevo evangelio, mientras la vida de los Simon se transformaba completamente en unas pocas semanas. Abandonaron la droga, y con cortesía pero con firmeza informaron a los adictos itinerantes que acostumbraban a pegarse a ellos que deberían recurrir a otra persona. Renunciaron al sexo, no permanentemente, se dijeron, sino hasta que llegaran a adaptarse a la nueva vida. Beth Ann dejó de tomar píldoras anticonceptivas. Charlie se afeitó la barba y se cortó el pelo. Vendieron libros, discos y el equipo de alta fidelidad para conseguir un poco de dinero extra y dejaron de pintar. Y su nuevo tiempo libre se empleó en estudiar, discutir y meditar la filosofía de la macrobiótica.

La macrobiótica no tiene casi nada que ver con el Zen. Su concepto fundamental, el yin y el yang, está tomado del taoísmo. Ohsawa sostiene que todas las enfermedades físicas y espirituales del hombre moderno resultan de su excesivo consumo de yin (principalmente, potasio, aunque existen docenas de productos paralelos) o de yang (sodio), pero básicamente de yin. El grano es el alimento esencial porque contiene la misma proporción cinco-uno de potasio-sodio que se da en la sangre sana. Quienes practican la dieta aumentan su consumo de (yang) sal y beben tan poco (yin) líquido como sea posible.

La mayor parte de la fruta (excesivo yin) y toda la carne sangrante (excesivo yang) deben ser rehuidos, lo mismo que los productos químicos (aditivos y drogas, casi todos yin, además de «no naturales») y la medicina occidental. Según Ohsawa, la dieta no consiste simplemente en un medio seguro de perfeccionar la salud física. Unida a la fe religiosa y la humildad, es también la senda que conduce a la clarividencia y la salud espiritual. Y, cosa importante para los Simon, cuyos viajes psicodélicos se habían convertido en pesadillas, la fuente de la salud no radica en lo profundo del yo, sino en «la justicia absoluta e infinita sabiduría del Orden del Universo».

Numerosos especialistas en alimentación consideran esta dieta como peligrosamente defectuosa. Incluso en su modalidad más liberal no suministra virtualmente calcio ni vitamina C, y la versión que seguían los Simon, la Dieta n.° 7, era cualquier cosa menos liberal, al consistir exclusivamente en grano y té. La razón por la que eligieron la n.° 7 fue, desde luego, porque *no era* liberal; Ohsawa la proclama como el camino más extremo y más directo hacia la salud. Como de costumbre, Charlie fue el primero en aventurarse, pero Beth Ann, tras cierto escepticismo inicial, pronto le sobrepasó en entusiasmo.

El entusiasmo era necesario, porque la Dieta n.° 7 es difícil. El tercer día significó para Charlie la prueba más dura, al pasar por un período de «abstención de azúcar» que, según él, fue de todo punto tan violenta como una anterior abstención de heroína. Después de esto resultó algo rigurosa por un tiempo, y luego se convirtió en un estilo de vida. Aunque Ohsawa no señala límite de cantidad, los Simon comían relativamente poco –es complicado hartarse cuando se exige masticar cada bocado 50 veces– y cada uno perdió 8 kilos en un mes, con lo que el peso de Beth Ann quedó en unos 44 kilos y el de Charlie en unos 48. Pero esta pérdida no les preocupó; de hecho, la tomaron como un signo saludable.

¿Y por qué no? Se sentían como nunca se habían sentido en su vida. No es que hubiesen desaparecido únicamente las jaquecas y los dolores en las piernas, sino que todas las pequeñas fatigas y dolencias, las molestias físicas que toda persona experimenta, parecían haberse esfumado. Dormían menos de seis horas cada noche. Se sentían incluso animados con la dieta, con relámpagos espontáneos que parecían más puros e iluminadores que todo cuanto habían experimentado a través de las drogas. Siempre ama de casa, Beth Ann se convirtió en una excelente cocinera macrobiótica. Charlie y ella pasaban la mayor parte del tiempo al aire libre, aunque ocasionalmente veían a sus viejos amigos y convertían a muchos de ellos a versiones modificadas de la dieta. Un día gozoso, tiraron a la basura todos los específicos inútiles del botiquín casero, y luego transformaron su nevera vacía –una hermosa Gibson Deluxe de 250 dólares– en una obra de escultura pop, con conchas marinas en el compartimento para los huevos y accesorios artísticos y diversos objetos de fantasía que llenaban las repisas.

Pero una persona al menos no se dejó impresionar en absoluto: Sess Wiener, el padre de Beth Ann. Un vigoroso pragmático que había luchado en su juventud contra la pobreza y la tuberculosis, hasta convertirse en un prominente abogado de Paterson. Lo único que Sess veía era que su hermosa hija estaba demasiado flaca. Al contrario de las drogas, que estaban más o menos fuera de su órbita, la dieta contradecía de modo directo su propia experiencia, y se opuso a ella terminantemente. Era un paso en falso más en el camino hacia ninguna parte que su hija había emprendido el día en que insistió en casarse con uno de los vagos más conspicuos del estado de Nueva Jersey, cuatro años antes. Los efectos saludables de la dieta no consistían, según él, más que en una combinación de autohipnosis y medicina casera. Y, sin duda, nada tenían que ver con la justicia absoluta e infinita sabiduría del Orden del Universo.

El propio Charlie experimentaba ocasionalmente sospechas similares, pero la fe de Beth Ann en la dieta era invariablemente firme. Sus únicas dudas se centraban en ella misma. Creía estar peligrosamente *sanpaku*, lo cual significa (en japonés) que el blanco de los ojos se hace visible bajo el iris, lo cual significa (en macrobiótica) que se hallaba gravemente enferma y predestinada a un trágico fin. Se sentía avergonzada de lo yang de sus piernas, aún musculadas (la fuerza es masculina, yang) y cubiertas de vello suave («Si un japonés descubre vello en las piernas de una mujer, siente hormigueos en su carne», escribe Ohsawa). Beth Ann atribuía las molestias yang de sus piernas a la carne, un alimento que siempre había comido pero no a gusto, y consideraba que la curación completa para ella y para su marido significaría un largo, muy largo proceso por culpa de las drogas venenosas que sus sistemas habían acumulado. Su pecado había sido muy grave. No se sentía preparada para volver a la práctica del sexo.

Pero, al cabo de unos cuantos meses, los Simon se sintieron preparados para el arte. Antes de la dieta, habían equilibrado sus impulsos mesiánicos con una sensibilidad pop que se complacía en la trivialidad de una cultura afluente. Esta sensibilidad se atrofió lentamente. La obra de Beth Ann, cuya tonalidad romántica siempre se vio moderada por una cierta dureza, se hizo más suave y elusiva. Beth Ann se sentía feliz por ello: todos sus «aspectos diabólicos», decía, habían desaparecido.

Durante los meses sucesivos, los Simon estudiaron filosofía oriental, teorías de la reencarnación, hara, ejercicios respiratorios, astrología, alquimia, espiritualismo y hermetismo, sintiéndose cada vez más insatisfechos del pensamiento occidental. Hicieron excursiones por el campo, o fueron a nadar con Irma Paule, directora de la Fundación Ohsawa en la Segunda Avenida, donde la mayoría de los adeptos a la macrobiótica de Nueva York compran sus alimentos. A petición de Irma, proporcionaron alojamiento a un monje zen llamado Oki. Beth Ann le consideró un impostor: en un mes no le vieron consumir otra cosa que té y cerveza, y se burlaba de la macrobiótica. A principios de agosto, llevaron a Oki de visita a Paradox Lost, un campo macrobiótico de Nueva Jersey. La casa de verano de los Wiener estaba en las cercanías, y los Simon decidieron ir a verlos. Fue un error.

Sess Wiener no había visto a su hija desde tres semanas atrás, pero lo que vio entonces le dejó aterrado. Beth Ann había perdido peso otra vez. Su piel mostraba manchas rojas. Se quejaba de dolores en las caderas y en la espalda, y que sentía dificultades al andar. Charlie tenía, según él, piedras en los riñones, y a veces sus ataques renales iban acompañados de jaqueca. Los Simon se dieron un baño, y luego se miraron. Las vibraciones que de Sess les llegaban eran muy desfavorables. Y se marcharon.

Pero Beth Ann estaba enferma, y empeoró a ojos vistas. Empezaron a hinchársele las piernas, y el remedio macrobiótico que tomó contra ello, 190 centímetros cúbicos de jugo de rábano durante tres días seguidos, no dio el menor resultado. (Más tarde, al ocurrirle lo mismo a Charlie, este siguió su instinto en vez del manual, y tomó tres veces esa medida diariamente, una cantidad del todo antimacrobiótica. Y mejoró.) Irma Paule, que afirmaba haberse curado, gracias a la macrobiótica, de una artritis cinco años antes, le dijo a Beth Ann que también había pasado por un mal período similar. Podía haberle dicho también otras cosas a Beth Ann. Podía haberle hablado de Monty Scheier, que murió a su lado en Union City el 18 de abril de 1961. O podía haberle contado la historia de Rose Cohen, que murió en el hospital de Knickerbocker, a principios de 1961, por causa de un envenenamiento de sal y desnutrición, tras iniciar una dieta macrobiótica unos pocos meses antes. También podía haberle dicho a Beth Ann que mostraba todos los síntomas del escorbuto. En vez de eso, le aconsejó a Beth Ann que alternase la Dieta n.º 7, con vegetales crudos.

Hasta donde llegó, fue un buen consejo. La aprobación que Ohsawa hace de la Dieta n.º 7, en sus obras publicadas en inglés, resulta un tanto ambigua; aunque la prescribe casi para todos los enfermos, da a entender también que no es un régimen que se pueda seguir toda la vida. Wendy, la hermana de Beth Ann, y Paul Klein, su cuñado, que seguían ambos una dieta macrobiótica más liberal, intentaron hacérselo comprender, igual que Charlie. Pero Beth Ann no se dejó conmover.[1] Irma arguyó, un poco farisaicamente, que era una cobarde, incapaz de «luchar con el cambio profundo» que una adhesión continua a la Dieta n.º 7 entrañaba. Y en vez de suavizar su dieta, la endureció aún más... cuatro veces en total de catorce días, en septiembre. Con cada uno de los saltos parecía mejorar, pero una vez consumada la fase caía en barrena. A fines de septiembre se vio obligada a guardar cama, y fue Charlie quien se encargó de hacer la comida y las faenas domésticas. Nunca intentó realmente convencer a Beth Ann de que abandonase la dieta, o de que viese al menos a un médico, aunque tocó el tema varias veces. En ocasiones su voluntad de continuar la experiencia era aún más fuerte que la de ella. Pero

---

1. Es muy posible también que padeciera de *anorexia nerviosa,* una incapacidad irresistible de comer. *(N. del A.)*

tampoco él se sentía demasiado bien. El sexo había dejado de ser una posibilidad.

La tarde del 13 de octubre, Sess y Min Wiener fueron a visitar a su hija en Nueva York. Al verla yacente en un colchón, en una esquina del cuarto, Sess quedó boquiabierto y se puso lívido. Beth Ann era un esqueleto viviente. Sus piernas ya no eran yang, eran piel y huesos. Sus ojos, todavía *sanpaku*, aparecían hundidos en sus órbitas. Apenas si podía sentarse. No pesaría más allá de 32 kilos.

–Beth Ann, vas a morir –exclamó Sess–. ¿Quieres morir?

Con lentitud, Beth Ann se explicó una vez más:

–Papá, no me voy a morir. Me voy a poner bien, y cuando haya eliminado todo el veneno que hay en mi cuerpo, estaré bien el resto de mi vida.

Durante las dos horas siguientes, Sess Wiener recurrió a toda su fuerza de persuasión para convencer a Beth Ann de que viese a un médico, pero fue inútil. Para Beth Ann, esto no era más que otra variante de la disputa entablada entre su padre y ella desde su matrimonio, e incluso antes. Ahora le iba a demostrar de una vez por todas que ella podía hacer las cosas de un modo diferente, y tener razón. Nunca pudo entender lo que su padre consideraba como valores, basados en el mundo cotidiano que él había superado con tanto esfuerzo. El mundo cotidiano jamás había constituido ningún problema para ella, y ahora se creía preparada para conquistar un mundo mucho más amplio, el mundo interior. Beth Ann había llegado a la antítesis perfecta. ¿Qué medio mejor para combatir el materialismo que destruir la sustancia misma de tu propio cuerpo? Mientras aumentaba la vehemencia de su padre, Beth se hacía cada vez más inconmovible. La escena fue penosa, y no terminó sin que antes Min Wiener amenazase a Charlie con matarle si dejaba morir a su hija, y que Charlie amenazase con llamar a la policía por haber amenazado Min con matarle, y que Sess le conminase a hacerlo si se atrevía, y que Beth Ann decidiese que no quería volver a ver a sus padres nunca más. Las vibraciones eran excesivas, sencillamente.

Pero Sess Wiener no podía abandonar a su hija. Al día siguiente consiguió la ayuda de Paul Klein, quien, junto con Charlie, convenció a Beth Ann de que se instalase en casa de los padres de Charlie, en Clifton. Ella puso dos condiciones: que bajo ninguna circunstancia se llamaría a un médico, y que bajo ninguna circunstancia se permitiría que sus padres la visitaran.

Charlie sintió un gran alivio. Llevaba tiempo pensando que le haría bien a Beth Ann alejarse de la ciudad, y especialmente de Grand Street cuyas connotaciones eran tan malas para ambos. Y aunque Beth Ann despotricó y se quejó durante todo el trayecto en ambulancia hasta Clifton, su ánimo mejoró desde el momento de llegar, y pintó unas cuantas acuarelas –en posición supina, pues ya no era capaz de sentarse– del jardín que divisaba por la ventana. Sus padres trataron de verla, pero los Simon insistieron en su promesa.

Beth Ann continuaba con la Dieta n.º 7, con un suplemento de sal para neutralizar lo que ella creía un exceso de yin. Había escrito a Ohsawa para hacerle una descripción de su caso y pedirle ayuda. Unos días después de su llegada a Clifton obtuvo respuesta: Eres una chica valiente; sigue con la Dieta n.º 7. Charlie, mientras tanto, hizo un descubrimiento alarmante: en uno de los innumerables libros en francés de Ohsawa, se especificaba terminantemente que nadie debía practicar por más de dos meses la Dieta n.º 7 sin su supervisión personal.

Sin embargo, Beth Ann continuó con la Dieta n.º 7. Pero no mejoró. Hablaba con sus padres por teléfono casi cada día, pero insistía en que sus ondas negativas hacían su curación cada vez más difícil. Y notaba constantemente las ondas negativas de Dorothy Simon por toda la casa. Así que escribió a Oshawa de nuevo.

Unas dos semanas después de instalarse en Clifton, Charlie recibió un telegrama de Oki pidiéndole que le fuese a buscar en su coche al aeropuerto Kennedy. Durante el trayecto, Charlie tuvo la repentina premonición de que Beth Ann no saldría con bien de la experiencia. Nunca había tenido antes tal sensación, por lo que en el aeropuerto le pidió a Oki, cuya reputación como curandero era reconocida, que le echase un vistazo a Beth Ann. Oki respondió que trataría de encontrar un momento. No lo hizo.

Dos días más tarde, Beth Ann se sentó en la cama... no sola, sino con la ayuda de Dorothy Simon. Charlie, demasiado débil para echarle una mano, la veía sufrir. Era espantoso. Siempre hubo algo en Beth Ann que nadie podía captar, y ese aspecto etéreo había aumentado con la evolución de la dieta. Ni siquiera Charlie se sentía ya en completo contacto con ella. Pero ahora miraba el rostro de su mujer y abrigaba dudas sobre lo que veía: horror, horror ante la constatación de la propia debilidad y ante el torrente de voluntad que sería preciso para superarla. Luego el horror dejó paso a la resignación, y la premonición de Charlie se hizo sentir otra vez. Durante los cinco días sucesivos su temperatura osciló entre los 39 y 40 grados.

La mañana del 6 de noviembre Charlie se despertó a las seis con fiebre alta. Al otro lado de la habitación, los señores Simon se hallaban sentados junto a Beth Ann. No consiguió enterarse de si algo iba mal, y se volvió a dormir. Cuando se despertó otra vez, sus padres se habían marchado, pero Beth le dijo lo que según ella iba mal: se había envenenado con un exceso de sal.

Pese a la repugnancia de Irma Paule a tratar el tema, casi todos los adictos a la macrobiótica habían oído hablar de la historia del joven de veinticuatro años de Boston que murió de una sobredosis de sal, que se trataba de contrarrestar haciéndole beber zumo de zanahoria. Charlie telefoneó a Paul Klein, y luego preparó unas cuantas zanahorias para su mujer. Llegó Paul. Decidieron que había que requerir a Irma. Paul volvió a Nueva York en busca de Irma.

Charlie se sentó a la cabecera de la cama de su mujer. En el correo de aquella mañana había llegado otra carta de Ohsawa, en la que explicaba a Beth Ann que su interpretación de la dieta era completamente errónea y que tenía que volver a empezar desde el principio. La recomendaba muy especialmente que evitase la sal. Pero ahora Charlie no podía hacer otra cosa que darle el zumo de zanahoria. Le levantó la cabeza y le hizo tragar una cucharada. Una gota de color naranja quedó en la comisura de los labios de Beth Ann.

—Es bueno —murmuró.

Luego su cabeza dio la vuelta en las manos de Charlie, sus ojos se pusieron muy *sanpaku*, y expiró. Charlie seguía administrándole respiración boca a boca cuando la policía llegó media hora después.

JOHN GREGORY DUNNE: de
EL ESTUDIO

El libro de John Dunne sobre la Twentieth Century-Fox es una de las cosas más extraordinarias que se han escrito sobre el mundo del cine, y más interesante aún porque se publicó en el crepúsculo de esa institución conocida como «el Estudio». El Estudio *es una pieza maestra como reportaje, y Dunne consiguió de entrada uno de sus mayores tantos, al ganarse el acceso a las interioridades operativas de la Twentieth Century-Fox.* Tenía ya una cierta entrée, *en cuanto él y su esposa, Joan Didion, eran ya bien conocidos en Hollywood, y su hermano, Dominick Dunne, era un productor de películas. Dunne se mostró intransigente desde el principio, al declarar que no le interesaba escribir el libro, a menos que se le concediese* carte blanche *para ver lo que le interesara ver en el estudio, y su punto de vista prevaleció.*

Durante cuatro meses, Dunne actuó como un reportero, siguiendo el horario del estudio, llegando a la Fox por la mañana y volviendo a casa al cerrarse el establecimiento. El proyecto principal de la Fox era una película infantil de dieciocho millones de dólares. El extraordinario Dr. Dolittle, *puesta en órbita justo en el momento en que el estudio no podía permitirse un desastre de dieciocho millones de dólares. Pero iba a ser un desastre, cosa que los ejecutivos del estudio empezaron a comprender desde la primera exhibición pública de la película en Minneapolis. La frase clave del fragmento que sigue —«Este es un típico público sofisticado de Minneapolis de un viernes por la noche»— se convierte en la frase clave del libro, y es característica del brillante diálogo recogido por Dunne. Y consiguió semejante material solo porque se hallaba presente cuando escenas clave de las peripecias del estu-*

dio tuvieron lugar. Como narrador, Dunne se esfuma en la invisibilidad, basándose en el supuesto, muy acertado en mi opinión, de que convertir al periodista en personaje habría constituido una distracción en el presente caso. T. W.

Para eso hemos venido a Minneapolis, Stan Hough

No cabía la menor duda de que el Estudio efectuaría la primera *preview* de *Dr. Dolittle* en Minneapolis. La Fox consideraba que Minneapolis era una ciudad que le traía suerte; la producción de Robert Wise *The Sound of Music*[1] fue exhibida allí por vez primera, y ante el enorme éxito de esta película, el Estudio continuaba haciendo supersticiosamente las *previews* de sus producciones importantes en Minneapolis. Con tan fuerte suma en juego –el presupuesto de *Dr. Dolittle* había sido de 18 millones de dólares–, el Estudio no deseaba hacer ninguna *preview* en Los Ángeles, por entender que se obtendría un público de reacción más natural en el interior del país, en vez de los espectadores sofisticados y exigentes que perseguían *previews* por todo Hollywood. El plan primitivo era trasladarse a Minneapolis el viernes, 8 de septiembre, y a Tulsa el día siguiente, pero a principios de semana se canceló la proyección de Tulsa.

–Si la película funciona, no tenemos por qué ir a Tulsa –explicó Richard Zanuck–. Y en el caso contrario, ¿para qué ir a Tulsa la noche siguiente y que nos peguen otro puntapié en el trasero? Se hacen unos arreglos y luego se va a Tulsa.

A causa de la importancia del *Dr. Dolittle*, la *preview* de Minneapolis concentró veintiocho ejecutivos de Nueva York y Los Ángeles. El contingente principal de Los Ángeles efectuaba el viaje por Western Airlines, vuelo 502 con salida a las 8:30 del 8 de septiembre. Arthur Jacobs, acompañado por Natalie Trundy, llegó al International Airport casi una hora antes de la salida del vuelo. Vestía una chaqueta negra de sport, sin corbata, y se demoraba en la escalera mecánica procedente del control automático de billetes situado en los bajos, para saludar a los componentes de la expedi-

---

1. *Sonrisas y lágrimas.*

ción Fox conforme iban llegando. Su frase de saludo era invariablemente la misma.

–No estoy nervioso –afirmaba Jacobs–. No quiero ir a Minneapolis. Estoy aquí únicamente para deciros adiós.

–Oh, Arthur –repetía Natalie Trundy–. Cálmate.

–Cálmate –gruñía Jacobs–. *Cálmate.* Me tratas como si fuera uno de los perros.

Se volvió hacia Fleischer.

–Tenemos perros de lanas. Y ella me trata como si fuera un perro de lanas.

–Eres un perro de lanas con excelente aspecto –aseguró Fleischer.

Dieron una vuelta, mientras aguardaban la llamada para el vuelo 502. Se hallaban reunidos Jacobs; Natalie Trundy; Fleischer; Mort Abrahams; Herbert Ross, el coreógrafo de *Dr. Dolittle*; Warren Cowan, que fue socio de Jacobs en una firma de relaciones públicas y cuya compañía, Rogers, Cowan & Brenner, llevaba la promoción y la publicidad de *Dr. Dolittle.* Por fin oyeron la llamada. Al dirigirse Jacobs y Natalie Trundy hacia la rampa, el primero se volvió hacia Fleischer y exclamó:

–No quiero ir a Minneapolis. Vayamos a Las Vegas.

–Ya no sería un juego –repuso Fleischer.

Jacobs y Natalie Trundy ocuparon dos asientos al fondo del compartimento de primera clase. Cowan, un hombre bajo y rechoncho de ojos saltones y voz que sonaba como la del Pato Donald, se sentó frente a ellos, llevando los periódicos de Nueva York y Los Ángeles. Jacobs no podía estarse quieto.

–Aterrizaremos al mediodía –gritó por el pasillo–. A las doce y media, visita a la biblioteca pública. A la una, el museo.

Nadie rió, a excepción de Fleischer, quien intentó animar a Jacobs.

–A la una y media, la fábrica textil –añadió Fleischer.

–Y luego un rato de descanso entre las ocho y las once de la noche –concluyó Jacobs.

Se refería al tiempo en el que tendría lugar la proyección.

–Lo que me gusta de ti, Arthur, es tu calma –comentó Fleischer.

–¿Por qué tendría que estar nervioso? –replicó Jacobs–. No son más que dieciocho millones de dólares.

El viaje a Minneapolis no tuvo historia. La mayoría de los expedicionarios de la Fox durmieron, excepto Jacobs, que merodeaba por el pasillo en busca de alguien con quien charlar. Los periódicos corporativos acababan de anunciar aquella misma semana que Rex Harrison no protagonizaría la versión musical de *Goodbye, Mr. Chips*, que debía dirigir Gower Champion y producir Jacobs.

–Estaba todo a punto –explicó Jacobs tristemente–. Gower y yo hicimos incluso un viaje a París para entrevistamos con Rex. Fuimos en coche hasta su casa de campo y salió a la puerta para recibirnos. «Maravilloso día», dijo. Ya sabe cómo habla.

Jacobs empezó a imitar la voz de Harrison.

–«Maravilloso día. ¿Un *bloody mary*? ¿Quién quiere un *bloody mary*?» Nos trae un *bloody mary* y entonces nos dice a bocajarro: «Y ahora voy a explicaros por qué no voy a hacer *Mr. Chips*». Era la primera vez que oíamos hablar de ello. Estaba todo a punto. Bueno, Gower me mira, recogió su cartera y dijo: «Lo siento, me voy al aeropuerto, vuelvo a casa».

Jacobs atisbó las nubes desde la ventanilla.

–Estaba todo a punto –gimió–. *Todo a punto.*

La expedición Fox fue recibida en el aeropuerto de Minneapolis por Perry Lieber, del departamento de publicidad, llegado de Los Ángeles el día anterior para supervisar los preparativos de la *preview*. Lieber había enfocado su tarea como si se tratara –y efectivamente parecía considerarlo así– del peregrinaje anual de la familia real inglesa del palacio de Buckingham a Balmoral. No se produjo ninguno de los contratiempos que suelen sufrir los viajeros con el equipaje, el alojamiento o el transporte. Lieber había alojado al grupo completo de veintiocho personas del Estudio en el Hotel Radisson, alquilado una flota de limousines que condujera a su alojamiento a cada ejecutivo de la Fox que llegase, y dispuesto que todos los equipajes fueran recogidos en el aeropuerto y enviados inmediatamente a las habitaciones y suites correspondientes. Lieber se hizo cargo de las contraseñas del equipaje, las entregó a funcionarios que las estaban aguardando, y proporcionó a cada recién llegado un sobre que contenía la llave de su habitación y una tarjeta que especificaba los horarios de sus vuelos de regreso a Nueva York o Los Ángeles, así como la hora en que una limousine pasaría a recogerle por el hotel y lo llevaría al aeropuerto.

Jacobs tomó su sobre y se lo confió a Natalie Trundy. Escrutó detenidamente el alfiler de la corbata de Lieber, un pentagrama donde las palabras «The Sound of Music» estaban escritas en sostenidos y bemoles.

–Te has equivocado de película –gruñó.

–¿Estás bromeando? –replicó estruendosamente Lieber–. Este es mi alfiler de la suerte. Ya sabes cómo funcionó *Sound of Music* y que hicimos la *preview* aquí.

Warren Cowan meneó la cabeza lentamente.

–Este se ha convertido en el Estudio más supersticioso del mundo –comentó.

–Si son tan supersticiosos –intervino Fleischer–, ¿por qué no le encargaron a Bob Wise que dirigiera la película?

En la entrada del aeropuerto, junto a una limousine, Natalie Trundy sacó una Kodak Instamatic y empezó a tomar fotografías de la expedición Fox. Iba vestida enteramente de blanco y llevaba gafas de sol amarillo pálido. Apuntó su cámara hacia Cowan, pero al no funcionar el flash, pidió que siguieran quietos un momento.

–Oh, por el amor de Dios, Natalie –protestó Jacobs–. Vámonos.

Cowan se instaló en el coche y abrió un ejemplar del *Minneapolis Tribune* por la sección de espectáculos, donde el Estudio había hecho insertar un anuncio, sin mencionar el título de la película. El anuncio llevaba el titular «Presentación Alfombra Roja de Hollywood».

–Han puesto las entradas a dos dólares sesenta –gimió Cowan–. Es un error. Se lleva a los niños a la *preview* de una película como esta, y dos dólares sesenta por cabeza es excesivo.

–Tenían que haberlas puesto a dos dólares por pareja –asintió Jacobs lastimeramente–. Para atraer a las parejas que salen los viernes por la noche.

A partir de aquel momento Jacobs empezó a ver presagios de desastre en cualquier cosa.

–Es un error –repitió Cowan suavemente.

Mientras la limousine se encaminaba hacia Minneapolis, el chófer empezó a recitar estadísticas sobre la ciudad.

–Hay cincuenta y ocho lagos dentro de los límites de la ciudad –explicó.

Nadie le prestaba atención. Jacobs tiró un cigarrillo negro y encendió otro.

–¿Estarás esta noche en el cine sentado o de pie? –preguntó a Fleischer.

El director contemplaba por la ventanilla el follaje otoñal.

–Voy a acostarme –respondió, dando una palmadita en la rodilla de Jacobs–. Es solo una *preview*, Arthur.

–De una película de dieciocho millones de dólares –dijo Jacobs.

El almuerzo fue servido en el Flame Room del Hotel Radisson. Eran las tres pasadas y el comedor estaba vacío, pero la cocina seguía abierta para la expedición Fox. Muchos no habían llegado y otros se hallaban descansando en sus habitaciones. Jacobs se había puesto un traje oscuro y pasaba de mesa en mesa.

–No lo olvidéis, hay que estar en el museo de arte a las tres y media –decía.

–Ya empieza Arthur con sus chistes –comentó Lionel Newman.

Como jefe del departamento musical del Estudio, Newman había llevado a cabo los arreglos instrumentales de la partitura y dirigido la grabación. Había llegado a Minneapolis el día anterior con un ingeniero de sonido del Estudio para poner a punto la acústica de la proyección.

–Arthur, como cómico eres una calamidad.

Jacobs pareció apenado.

–¿Sabes cómo llamo a este hotel? «Villa Menopausia» –exclamó Newman. Sonrió a la camarera–. Va todo bien, guapa. No me refería a ti. Tienes que admitirlo, Arthur, hay uno o dos ancianos por aquí. Quiero decir que este hotel presume de pertenecer a los alegres sesenta, pero no se refieren al año, sino a las pastillas de Geritol.

Súbitamente Jacobs levantó el brazo y gritó:

–¡Los Brinkmans!

En el umbral del comedor, junto a su esposa Yvonne, se hallaba

Leslie Bricusse, el joven escritor inglés –alto y con gafas–, autor del guión, la música y la letra de *Dr. Dolittle.* Jacobs parecía fuera de sí.

–¡Los Brinkmans están aquí! ¿Lo ves? –gritó a Fleischer. «Brinkmans» era el apodo que les había puesto a los Bricusse.

–Sería difícil que le pasaran inadvertidos –comentó Newman–. Los presentas como si fueran el comienzo de la tercera guerra mundial.

–Siéntate aquí, Leslie –indicó Jacobs, chasqueando los dedos para avisar a la camarera, que se hallaba de pie a su espalda–. Necesitamos sillas. Leslie, ¿quieres un sándwich, café, una copa?

Los Bricusse fueron cariñosamente zarandeados por el grupo Fox e hicieron con desconfianza sus pedidos a la camarera. Yvonne Bricusse, una atractiva y morena actriz inglesa, se instaló en una banqueta al lado de Natalie Trundy, que la besó en las mejillas. Se sirvió una taza de café.

–¿Qué vas a ponerte para el estreno? –preguntó Natalie Trundy.

–¿Nueva York? –repuso Yvonne Bricusse.

–Mmmmm –susurró Natalie Trundy.

–Una cosa celestial –afirmó Yvonne Bricusse–. Leslie me la compró. Colores otoñales, algo así. Naranja quemado, con un lazo aquí.

Se dio unas palmaditas en el pecho.

–Divino –comentó Natalie Trundy–. ¿Y en Los Ángeles?

–Nada decidido todavía –dijo Yvonne Bricuse mientras sorbía su café–. Creo que tendré que llevar algo ya hecho. ¿Qué opinas de Don Feld?

Don Feld es un figurinista cinematográfico.

–Celestial –aseguró Natalie Trundy, inclinándose para coger con su tenedor un pedazo de bistec del plato de Jacobs–. Muchas plumas, supongo.

Yvonne Bricusse vaciló un momento.

–Mmmmm –contestó–. Sé lo que quieres decir. *Parecen* plumas.

Removió perezosamente el café con la cucharilla.

–¿Y tú?

–Los están preparando. Los modelos están todos dibujados, Nueva York, Los Ángeles, Londres, todos los estrenos –respondió

Natalie Trundy, aleteando con los brazos como una bailarina–. Voy a *flotar*. Aún no hemos decidido los colores. Quiero ver el aspecto que tienen en los bocetos.

Aquella noche, antes de la *preview*, Richard Zanuck dio una fiesta a la expedición Fox en el Club de Prensa de Minneapolis, instalado en el segundo piso del Radisson. Zanuck acababa de llegar de Europa aquel mismo día, tras un viaje de negocios y de placer a Londres y París, y una semana de vacaciones en el sur de Francia en compañía de David y Helen Gurley Brown. Su aspecto era bronceado y saludable.

–Llevo todavía la hora de París –explicó mientras echaba mostaza sobre un canapé–. Me detuve en Nueva York esta mañana para visionar un primer montaje de *The Incident*,[1] luego vine en avión hasta aquí.

–Vas a dormir esta noche –comentó Arthur Jacobs.

Zanuck sacudió la cabeza negativamente.

–Vuelvo a Los Ángeles a las seis y media de la mañana.

–¿Por qué? –preguntó Jacobs.

–Quiero ir al partido de Rams mañana por la noche –repuso Zanuck.

Jacobs le miró con incredulidad. Recorrió la sala, murmurando en cada grupo.

–Dick vuelve a Los Ángeles a las seis y media. De la mañana. ¿Sabéis por qué? Quiere ir al partido de Rams.

A las ocho menos cuarto Perry Lieber empezó a dar golpes en una copa con un tenedor. Anunció a los asistentes que la *preview* iba a comenzar a las ocho y que después de la película se serviría una cena en la suite de Richard Zanuck en el duodécimo piso. La película iba a proyectarse justamente al lado del hotel, en el Mann Theater, perteneciente a un circuito cuyo propietario era un magnate de la exhibición en Minnesota llamado Ted Mann. La Fox había alquilado el local para aquella noche, indemnizando a la Universal Pictures, una de cuyas superproducciones, *Thoroughly*

1. *El incidente* (Larry Peerce, 1967).

Modern Millie,[1] se exhibía entonces. Tres filas de asientos estaban reservadas para los expedicionarios de la Fox, al igual que tres butacas en la última fila, destinadas a Jacobs, Mort Abrahams y Natalie Trundy. Jacobs había hecho reservar expresamente aquellas butacas, porque le gustaba caminar durante las proyecciones y quería libertad de desplazamiento por el local sin molestar a nadie. Al entrar Jacobs en el vestíbulo del cine, se topó con un inmenso cartel de *Camelot,*[2] el musical de Warner Brothers-Seven Arts que iba a estrenarse en Navidad en otra sala de Mann.

–Oh, Dios mío –murmuró, viendo cómo la gente entraba en el local–. Oh, Dios mío, *Camelot.* Eso es lo que creen que van a ver. Oh, Dios mío.

Las luces de la sala se extinguieron a las 8:13. El público se componía en su mayor parte de matrimonios jóvenes y personas de mediana edad. No había casi niños. Zanuck ocupó una butaca de pasillo, acompañado por Barbara McLean, la jefa del departamento de montaje del Estudio, que llevaba un bloc en el regazo, dispuesta para tomar notas. Sonó la apertura y luego un rótulo centelleó sobre la pantalla: «África Ecuatorial, 1845». Tras un fundido, comienza el prólogo, en el que Rex Harrison, vestido con levita y sombrero de copa, aparecía en la pantalla montado en una jirafa. No se produjo ningún murmullo de aprobación entre el público. Los expedicionarios de la Fox comenzaron a revolverse inquietos en sus butacas. El prólogo duraba solamente unos instantes. Harrison, como Dr. Dolittle, el hombre que puede hablar con los animales, bajaba de la jirafa para atender a un cocodrilo aquejado de dolor de muelas. Ataba un pedazo de cuerda al diente enfermo y el otro extremo a la cola de un elefante. A una señal del Dr. Dolittle, el elefante tiraba de la cuerda y el diente saltaba de la boca del cocodrilo. Harrison le daba unas palmaditas al cocodrilo en el hocico, se metía el pesado molar en el bolsillo del chaleco, se montaba en un rinoceronte llegado casualmente y desaparecía en la jungla. No hubo murmullos entre el público al comenzar los títulos animados. Al aparecer el rótulo *Dr. Dolittle,* se produjo un

1. *Millie, una chica moderna* (George Roy Hill, 1966).
2. (Joshua Logan, 1966.)

conato de aplauso por parte de los representantes del Estudio, pero sus palmas no fueron coreadas por los espectadores que habían pagado 2 dólares 60 por su localidad.

Durante la primera mitad de la película, el público se mostró igualmente indiferente. Apenas si hubo algún murmullo de aprobación al terminar los números musicales. Al llegar el intermedio, David Brown corrió al vestíbulo.

–Quiero oír los comentarios –explicó.

En el vestíbulo los rumores eran apagados. La mayoría de los asistentes tomaban tranquilamente un refresco o hablaban entre sí. Varios de los miembros de la Fox se pusieron a espiar descaradamente sus conversaciones. Jacobs se hallaba en una de las puertas, con una expresión alucinada en la mirada. Natalie Trundy se apoyaba en él, con lágrimas en los ojos, arrugando un Kleenex entre sus dedos. En el centro del vestíbulo, varios ejecutivos del Estudio formaron corro en torno a Richard Zanuck.

–El público está realmente inerte –confesó Zanuck–. Pero hay que recordar que esto no es *Sound of Music* o *My Fair Lady*. El público no está oyendo canciones que conoce desde hace cinco años, como le ocurre con un éxito musical.

–Esta es una partitura original –apuntó Stan Hough.

Zanuck asintió vigorosamente.

–Y un guión original –añadió, mientras su mandíbula se contraía y relajaba febrilmente–. Dios mío, esa gente no sabía lo que iba a ver cuando entraron en el cine. Lo primero que han visto es un tipo montado en una jirafa.

–No es como *Sound of Music* –repitió Hough.

–O *My Fair Lady* –agregó Zanuck–. Aquellas canciones eran famosas ya antes de que se empezara a rodar la película.

La segunda mitad de la película no fue acogida mucho mejor que la primera. Los números musicales provocaron solo risas esporádicas e intermitentes aplausos. Al encenderse las luces, los únicos aplausos prolongados procedían de las tres filas ocupadas por el personal del Estudio. Los porteros distribuyeron las tarjetas de *preview*. Se habían colocado mesas provistas de lápices para aquellos espectadores que desearan formular sus opiniones. Las tarjetas en cuestión eran más detalladas que los cuestionarios normalmente empleados. POR FAVOR, CALIFIQUE LA PELÍCULA, rezaban las tarjetas. «Excelente, Buena. Regular.» En otra sección, el cuestionario solicitaba:

¿Cómo calificaría la actuación de

Rex Harrison
Samantha Eggar
Anthony Newley
Richard Attenborough?

¿Qué escenas le gustaron más?
¿Qué escenas no le gustaron, si las hay?

NO DESEAMOS QUE NOS DIGA SU NOMBRE, PERO NOS GUSTARÍA CONOCER LOS SIGUIENTES DATOS SOBRE USTED:

A) Hombre – Mujer
B) Indique grupo al que pertenece:

Entre 12 y 17
Entre 18 y 30
Entre 31 y 45
Más de 45

MUCHAS GRACIAS POR SU CORTESÍA Y COOPERACIÓN

Jacobs vagabundeaba por el vestíbulo. Sus ojos aparecían inyectados en sangre. Natalie Trundy le seguía como un perrito. Había dejado de llorar, pero tenía los ojos enrojecidos.

–Me han dicho que las tarjetas dan un setenta y cinco por ciento excelente –declaró Jacobs, sin dirigirse a nadie en particular.

Observó a una mujer que masticaba un pequeño lápiz amarillo mientras rellenaba su tarjeta. La mujer escribió algo, lo borró, y volvió a escribir. Jacobs intentó atisbar por encima de su hombro, pero la mujer, al advertirlo, ocultó sus respuestas con la mano.

Ted Ashley, el presidente de Ashley-Famous Artists, la agencia de Rex Harrison, dio unas palmaditas en la espalda de Jacobs.

–Arthur, hay película –afirmó Ashley.

Jacobs aguardó a que dijera algo más, pero Ashley le dio unas palmaditas nuevamente y se volvió para hablar con Zanuck.

Ted Mann, el propietario del cine, un hombre tallado en un bloque, y que debía estrenar *Dr. Dolittle* en otra de sus salas de Minneapolis, se abrió paso hasta Zanuck.

–Quiero que lo sepas, Dick, un año en cartel –aseguró–. Un año como mínimo.

–Creo que el público estaba un poco callado –repitió Zanuck.

–Sí, lo estaba, Dick –replicó Mann–. Pero esta película la van a levantar los niños, y no había aquí muchos niños esta noche.

Se detuvo, como buscando las palabras apropiadas.

–Tienes que comprender –prosiguió– que lo que teníamos aquí esta noche era un típico público sofisticado de Minneapolis en un viernes por la noche.

Zanuck parecía no escucharle.

–No estaban preparados como cuando *Sound of Music* –insistió.

–Eso es precisamente lo que estoy diciendo –repuso Mann–. Pero van a escuchar esta música durante los próximos cuatro meses hasta que se estrene la película. Cuando llegue diciembre, sabrán ya lo que van a ver, no te preocupes por ello, no te preocupes en absoluto.

Jacobs dirigió la vista a Zanuck.

–Más del cincuenta por ciento «excelentes» –afirmó.

El cine quedó vacío y los expedicionarios de la Fox caminaron lentamente hacia el Radisson, media manzana más allá. Mostraban escaso entusiasmo mientras subían en el ascensor para dirigirse a la fiesta de Zanuck en su Suite Villa. La suite era enorme, sobre dos niveles, con un amplio living y dos dormitorios sobre la galería exterior. Un bar y un bufete estaban dispuestos en la galería. Solo había dos grandes bandejas de palomitas de maíz, que fueron vorazmente consumidas. La sala aparecía tranquila, con apenas un ligero murmullo de conversaciones. Jacobs, Abrahams, Bricusse, Natalie Trundy y Barbara McLean se hallaban sentados en torno a una mesita de café clasificando las tarjetas, poniéndolas en pilas de «Excelente», «Buena» y «Regular». Había 175 tarjetas en total: 101 «Excelentes», 47 «Buena» y 27 «Regular». Un espectador había escrito «Lamentable», y otro había observado que Rex Harrison interpretaba al Dr. Dolittle «como un Mary Poppins masculino». Dos mujeres formulaban objeciones contra una escena de ratones blancos y cinco contra otra escena en la que Anthony Newley bebía whisky directamente de la botella.

–Esas fulanas tendrán más de cuarenta y cinco, ¿verdad? –masculló Jacobs.

–Las «Regular» son todas de más de cuarenta y cinco –contestó Abrahams.

Tedd Mann echó un vistazo a las tarjetas.

–Tenéis que comprender que este es un típico público sofisticado de Minneapolis de un viernes por la noche –repitió.

–Lo que necesitábamos era un montón de niños –gimió Natalie Trundy, enjugándose los ojos con un pañuelo y pidiendo que alguien les trajera un whisky con hielo.

Era evidente que el Estudio se sentía angustiado por los resultados de la *preview*. No es que las tarjetas fueran desfavorables (aunque con 18 millones de dólares invertidos en la película resultaban considerablemente menos favorables de lo que el Estudio hubiera deseado). Lo que les molestaba más a los expedicionarios era la fría acogida del público durante la proyección de la película.

–Me parece una maldita estupidez haber venido a Minneapolis sin explicar a la gente lo que iba a ver –exclamó Zanuck–. Está bien hacer una *preview* en Los Ángeles. Pero ir al otro maldito extremo del mundo para toparse con ese público tan cerrado... Hay que decirles lo que van a ver. Que lleven a los críos.

Richard Fleischer acariciaba su vaso, recorriéndolo con un dedo.

–Eso es, Dick. Hay que decírselo en los anuncios –asintió, haciendo un gesto con la mano como si leyera un anuncio–. «*Dr. Dolittle*... La historia de un hombre que amaba a los animales.»

–Exacto –afirmó Zanuck–. Si saben de lo que se trata, echarán las puertas abajo para verlo.

Le dio su vaso a Linda Harrison, y le pidió que le trajera otro.

–En la siguiente proyección, en San Francisco quizás, les diremos lo que van a ver. Ya basta de malditos anuncios divertidos que no dicen nada.

–Yo mismo me sentiría confundido –prosiguió Fleischer– si entrara en un cine sin saber de qué va la película y la primera escena fuese un tipo montado en una jirafa.

Jonas Rosenfield, el vicepresidente del Estudio a cargo de la publicidad, llegado de Nueva York para la proyección, logró situarse junto a Zanuck.

–Todo eso es verdad –declaró–. Pero todos debemos admitir que esta ha sido una *preview* de incalculable valor. Ahora sabemos cómo hay que promocionar esta película, para que sea el éxito que todos sabemos que tiene que ser.

–Para eso están las previews –terció Owen McLean.

–Correcto. Para eso hemos venido a Minneapolis, para descubrir cosas como esta –añadió Stan Hough.

Los camareros hicieron su aparición con la cena, consistente en *filets mignon* y hamburguesas. Se pidieron conferencias con Harrison en Francia, donde rodaba otra película del Estudio, *A Flea in Her Ear*,[1] y con Darryl Zanuck en Nueva York. Cuando dieron la conferencia con Darryl Zanuck, Richard Zanuck y David Brown se metieron en un dormitorio y cerraron la puerta. La fiesta pareció cobrar energías. Jacobs seguía repasando las tarjetas, una por una.

–Ningún chico –comentó–. Todos mayores de treinta.

–Son los niños los que deben convertir esta película en un éxito –aseguró Harry Sokolov.

En una esquina del salón, Owen McLean se sentó en un sofá junto a David Raphel, vicepresidente del Estudio responsable de las ventas al extranjero.

–Bueno, David –dijo McLean–. ¿Qué opinas?

Raphel, un hombre distinguido, de mediana edad y con un ligero acento extranjero, se quitó de los labios unas migas del pan de la hamburguesa.

–Una *preview* muy útil –declaró cautelosamente–. Esta película exige un tratamiento muy especial para convertirla en el éxito que todos sabemos que va a ser. No debemos olvidarnos de las

1. *La pulga en la oreja* (Jacques Charon, 1968).

personas de edad. Son los que ven una película más de una vez. Los niños no van a menos que los lleven sus abuelos. Los abuelos repiten las películas. Recuerda *The Sound of Music*.

–Hay personas que han visto *Sound of Music* un centenar de veces.

–Este es mi punto de vista –repuso Raphel–. Exactamente mi punto de vista.

La fiesta empezó a disolverse poco a poco. Era más de la una de la noche, y algunos miembros de la Fox debían salir hacia Los Ángeles a las 6:30 de la mañana. Ted Ashley estrechó la mano de Jacobs en la puerta de la suite de Zanuck.

–Arthur, hay película –repitió Ashley–. Ahí está, toda en la pantalla.

–Funcionará –replicó Jacobs–. Cortaremos unas pocas cosas, cambiaremos otras.

–Será algo grande, Arthur –intervino Jonas Rosenfield, dándole a Jacobs unas palmaditas en el brazo–. Ninguno de nosotros tiene la menor duda sobre ello.

La suite de Zanuck quedó despejada hacia la una y media de la madrugada. A las cuatro, Zanuck telefoneó a Harry Sokolov para pedirle que viniera acompañado de Hough, McLean y David Brown para celebrar una reunión en su cuarto. Todos se presentaron en la suite de Zanuck a las 4:45 de la madrugada, y durante la hora que siguió, Zanuck desmenuzó la película rollo por rollo. Antes de que la reunión llegase a su término, poco antes de las seis, se acordó en principio suprimir el prólogo. Se aplazó la decisión de si se cortaría alguno de los números musicales. Arthur Jacobs no tomó parte en esta reunión.

TOM WOLFE: de
LA IZQUIERDA EXQUISITA & MAU-MAUANDO
AL PARACHOQUES

He puesto juntos estos dos fragmentos de la Izquierda Exquisita y Mau-mauando al parachoques *en un intento de ilustrar el empleo de un procedimiento al que llamo «la voz de proscenio».* En el primero *de ellos, de* La Izquierda Exquisita, *el* milieu *es la Avenida Park en el clásico sentido social, y al contar la historia intenté captar el tono afectado que, aún inconscientemente, prevalece en ese mundo.* En el *segundo, de* Mau-mauando al parachoques, *el* milieu *se halla en el extremo opuesto de la escala social, en la vida de los suburbios de San Francisco, y ahí he narrado deliberadamente la historia en el tono callejero de los militantes negros. Para llevar esto a cabo, descubrí que debía renunciar a ciertas expresiones obvias del* slang, *para evitar que mi trabajo se diluyera en el tipismo.*

En ambos textos me apoyé fundamentalmente en detalles de la vida social, con el fin de introducir al lector en la vida emotiva de los personajes. Me divirtió trabajar con estos detalles desde la cima de la escala social en La Izquierda Exquisita *hasta el fondo de dicha escala en* Mau-mauando al parachoques. *La posibilidad de emplear el punto de vista en su sentido convencional era escasa en los dos trabajos, con la excepción del comienzo de* La Izquierda Exquisita. *Aparentemente ciertos críticos creyeron que yo me inventé las visiones del insomnio de Leonard Bernstein. De hecho, hasta el último detalle de su fantasía «Negro junto al piano», incluyendo las palabras del negro, está tomado de palabras textuales de Bernstein, recogidas por su amigo John Gruen en un libro titulado* El mundo privado de Leonard Bernstein.

Una nota final: Se me acusó igualmente de introducir clandesti-
namente un magnetofón en casa de Bernstein para obtener el diálogo
que utilizo en La Izquierda Exquisita *(hasta el exceso, quizás). Con-*
sidero esto como un estupendo cumplido involuntario a mi exactitud,
que conseguí del modo más tradicional y ortodoxo posible: fui a la
fiesta de los Bernstein con la intención expresa de escribir sobre ella,
saqué bloc y bolígrafo delante de todo el mundo y tomé notas en mitad
del living durante los acontecimientos que describo. A decir verdad,
dudo que nadie hubiese podido recoger el diálogo con tanta exactitud
por medio de un magnetofón convencional, en cuanto la voz de cada
cual, grabada en cinta, es tan difícil de identificar en las escenas don-
de toman parte muchas personas. (Entiendo que hay ahí una nueva y
maravillosa máquina que te clasifica las voces en una especie de meca-
nismo susceptible de imprimir la voz humana.) T. W.

De «La Izquierda Exquisita»

A las dos, o las tres, o las cuatro de la madrugada, o en algún momento entre esas horas, el 25 de agosto de 1966, día precisamente de su cuarenta y ocho aniversario, Leonard Bernstein despertó en la oscuridad en un estado de gran excitación. Eso ya había ocurrido antes. Era una de las formas que adoptaba su insomnio. Así que hizo lo que solía hacer en tales casos. Se levantó y paseó durante un rato. Se sentía atontado. Repentinamente tuvo una visión, una inspiración. Se veía a sí mismo, Leonard Bernstein, el *egregio maestro*, en el escenario, con pajarita y frac, frente a una orquesta completa. A un lado del pódium del director está al piano. Al otro lado, una silla y, apoyada sobre ella, una guitarra. Se sienta en la silla y toma la guitarra. ¡Una guitarra! ¡Uno de esos instrumentos medio estúpidos, como el acordeón, para que los chavales de catorce años de Levittown, de coeficiente intelectual 110, sigan el método Aprenda-a-Tocar-en-Ocho-Días! Pero existe una razón. Bernstein va a lanzar un mensaje antibélico a este gran público de cuello blanco almidonado que llena el local. Les anuncia:

—Yo amo.

Solo eso. El efecto es humillante. De repente, de la curva del majestuoso piano de cola surge un negro que empieza a decir cosas como:

–El público está extrañamente desconcertado.

Lenny intenta empezar de nuevo. Interpreta al piano algunas piezas breves, dice:

–Yo amo. *Amo ergo sum.*

El negro se alza de nuevo y dice:

–El público cree que tendría que levantarse y marcharse. El público piensa: «Estoy avergonzado hasta de rozar a mi vecino».

Finalmente, Lenny suelta un sentido discurso antibélico y sale.

Por un momento, allí sentado, solo en su casa, a altas horas de la madrugada, Lenny pensó que podría valer y apuntó la idea. Piensa en los titulares: BERNSTEIN CONMUEVE AL PÚBLICO CON UN MENSAJE ANTIBÉLICO. Pero entonces su entusiasmo languidece. Se desanima. ¿Quién diablos era ese negro que surgía del piano y explicaba al mundo lo majadero que era Leonard Bernstein? No tenía ningún sentido, ese superego negro junto al piano de cola.

Mmmmmmmmmmmmmmm. Deliciosos. Bocaditos de roquefort rebozados con nuez molida. Muy sabrosos. Muy ingenioso. El contraste entre la sequedad de la nuez molida y el sabor del queso es lo que produce este efecto tan delicioso, tan sutil. ¿Imagináis lo que comen los Panteras Negras aquí como aperitivo? A los Panteras les gustan los bocaditos de roquefort rebozados con nuez molida de esta forma, y las puntas de espárragos con mayonesa y las albondiguillas *au Coq Hardi*, todo lo cual les es ofrecido en este preciso instante, en bandejas de plata labrada, por camareras con uniforme negro y delantal blanco planchados a mano... El camarero les ofrecerá las bebidas... ¡Desmentidlo si deseáis hacerlo, pero tales son los *pensées métaphysiques* que se le ocurren a uno en estas veladas de la Izquierda Exquisita de Nueva York! Por ejemplo, ese gigantesco Pantera Negra del vestíbulo, el que estrecha la mano de la misma Felicia Bernstein, el de abrigo de cuero negro y gafas oscuras, y el absolutamente increíble pelo afro, es él, un Pantera Negra, el que toma un bocadito de queso rebozado con nuez molida de la bandeja que porta una doncella uniformada y lo engulle sin perder un matiz de la perfecta voz Mary Astor de Felicia...

Felicia es notable. Es hermosa, con esa rara belleza bruñida que perdura a través de los años. Su cabello es rubio claro, y su peinado simple. Posee una voz «teatral», por usar un término de su juventud. Da la bienvenida a los Panteras Negras con el mismo movimiento de la muñeca, la misma inclinación de la cabeza, la misma perfecta voz Mary Astor con que recibe a personas como Jason, John y D. D., Adolph, Betty, Gian Carlo, Schuyler o Goddard, en esas cenas *après*-concierto por las que tan famosos son ella y Lenny. ¡Qué noches! Ella enciende las velas de la mesa del comedor y en el ocaso neoyorquino las trémulas puntitas de las llamas se reflejan en la superficie cristalina de la mesa, una insondable blancura llena de miles de estrellas; ese es el momento que Lenny adora. Parece haber mil estrellas sobre la mesa y mil estrellas debajo, una habitación llena de estrellas, una casa de dos plantas llena de estrellas, una torre de Manhattan llena de estrellas, con gente maravillosa flotando por los cielos, Jason Robards, Gian Carlo Menotti, John y D. D. Ryan, Schuyler Chapin, Goddard Lieberson, Mike Nichols, Lillian Hellman, Larry Rivers, Aaron Copland, Richard Avedon, Milton y Any Greene, Lukas Foss, Jennie Tourel, Samuel Barber, Jerome Robbins, Steve Sondheim, Adolph y Phyllis Green, Betty Comdem, y los Patrick O'Neals...

... y ahora, en la época de la Izquierda Exquisita, los Panteras Negras. Aquel Pantera gigante, al que Felicia ofrece su sonrisa de tango, es Robert Bay, que hace solo cuarenta y una horas fue detenido en un altercado con la policía, al parecer por un revólver calibre 38 que alguien tenía en un coche aparcado en Queens en Northern Boulevard y la calle 104, o cualquier otro lugar igualmente increíble, y encarcelado bajo la poco corriente acusación denominada «facilitación de actos criminales». Y ahora está en libertad bajo fianza y camina por el dúplex de trece habitaciones de Lenny y Felicia Bernstein en Park Avenue. Persecución & Luchas, Armas & Cerdos, Cárcel & Fianza... estos Panteras Negras son auténticos. La misma idea de ellos, de estos auténticos revolucionarios que arriesgan realmente sus vidas, pasa por el dúplex de Lenny como una hormona maligna. Todos lanzan una mirada, o clavan la vista, o ensayan una sonrisa, y luego miden la casa estableciendo una comparación en cierto modo deliciosa... ¡Desmentidlo si deseáis hacerlo! Pero en esta época de la Izquierda Exquisita uno acaba haciendo tales comparaciones dulcemente furtivas... Otto Preminger está en la biblioteca y Jean vanden Heuvel en el vestíbulo, y Peter y Cheray Duchin en el salón, también se hallan presentes Frank y Donna Stanto, Gail Lumet, Sheldon Harnick, Cynthia Phipps, Burton Lane, la señora de August Heckscher, Roger Wilkins, Barbara Walters, Bob Silvers, la señora de Richard Avedon, la señora de Arthur Penn, Julie Belafonte, Harold Taylor, y otros ejemplares, incluyendo a Charlotte Curtis, que se encarga de las páginas femeninas de *The New York Times*, y es la principal cronista social de América, una delgada mujer de negro, con su bloc en ristre, de pie cerca de Felicia y el gran Robert Bay, y hablando con Cheray Duchin.

Cheray le dice: «Nunca he conocido a un Pantera... ¡Para mí este es el primero!»..., sin poder imaginar siquiera que en cuarenta y ocho horas sus palabras llegarán a la mesa del presidente de los Estados Unidos...

Para mí este es el primero. Pero no solo ella se siente emocionada cuando los Panteras Negras van apareciendo en casa de Lenny; Robert Bay; el mariscal de campo de los Panteras de Oakland, Don Cox; el ministro de defensa de los Panteras de Harlem, Henry Miller; las mujeres Panteras... Dios mío, cómo compaginarán los Panteras todo eso, los pantalones ajustados, los jerséis ajustados de cuello alto, los abrigos de cuero, las gafas de sol cubanas, los peinados afros. Pero afros auténticos, no los que se recortan y riegan como un seto hasta adquirir un lustre de alfombra acrílica..., sino verdaderos afros, afros naturales, al desgaire..., salvajes...

Estos no son negros de derechos civiles con trajes grises tres tallas más grandes...

... no más interminables banquetes de la Liga Urbana en salones de baile de hoteles, en los que tratan de alternar a negros y blancos alrededor de las mesas como cuentas de un collar aracacho...

... ¡*estos son* hombres auténticos!

Tiroteos, revoluciones, fotografías en *Life* de policías atrapando Panteras Negras como si fueran vietcongs..., de algún modo todo se confunde mentalmente con el asunto de lo *bellos* que son. *Como el filo de un cuchillo.* Las mujeres Panteras –hay tres o cuatro de ellas cerca, esposas de los 21 Panteras encausados– son tan delgadas, tan *flexibles*, con pantalones ajustados y tocados estilo yoruba, casi como turbantes, como si hubieran saltado de las páginas de *Vogue*, aunque sin duda *Vogue* se inspira en ellas. De pronto, todas las mujeres de la habitación comprenden lo que Amanda Burdon quería expresar cuando dijo que ahora era antimoda porque «la sofisticación de las niñas negras me hizo reconsiderar mis actitudes». Dios sabe bien que las mujeres Panteras no pasan media hora cada mañana frente al espejo componiendo sus ojos con lentillas, delineador, sombra de ojos, lápiz de cejas, pestañas postizas, máscaras, Shadow-San para el párpado inferior y Eterna Creme para las comisuras... Y aquí están, justo frente a ti, en la casa amarillo chinesco de los Bernstein, entre candelabros, cuencos de plata con anémonas blancas y perfumadas y criados uniformados que ofrecen bebidas y bocadillos de queso roquefort rebozados con nuez molida.

Pero todo es correcto. Se trata de criados *blancos*, no los tradicionales criados negros, sino blancos sudamericanos. Lenny y Felicia son genios. En definitiva, los criados tienen suma importancia. Son una obsesión para la Izquierda Exquisita. Evidentemente, si das una fiesta en honor de los Panteras Negras, como lo hacen Lenny y Felicia hoy o como Sidney y Gail Lumet la semana pasada, o como John Simon, de Random House, y Richard Baron, el editor, anteriormente; o en honor de los Ocho de Chicago, como la fiesta que dio Jean vanden Heuvel; o para los recolectores de la uva o para Bernardette Devlin, como las que dio Andrew Stein; o para los Young Lords, como la que va a dar Ellie Guggenheimer la próxima semana en *su* dúplex de Park Avenue; o para los indios, o los SDS,[1] o incluso para los Amigos de la Tierra..., bueno, entonces, evidentemente no puedes tener un camarero y una doncella negros, los tradicionales criados negros, uniformados, circulando por el salón, la biblioteca y el vestíbulo sirviendo bebidas y cana-

1. Students for a Democratic Society.

pés. Mucha gente ha intentado imaginarlo. Tratan de imaginar a los Panteras, o a quien sea, con el pelo encrespado y gafas de sol cubanas y prendas de cuero y todo lo demás, e intentan imaginar a los criados negros con su uniforme negro, acercándose y diciendo: «¿Quiere tomar algo, señor?». Cierran los ojos e intentan imaginarlo de *algún modo*. Pero no *existe* ninguno. Es simplemente inimaginable. Debido a eso, la ola de la Izquierda Exquisita ha provocado la más desesperada búsqueda de criados blancos. Carter y Amanda Burden tienen criados blancos. Sidney Lumet y su esposa Gail, que es hija de Lena Horne, tienen criados blancos, incluida una niñera escocesa. Todos tienen criados blancos. Y Lenny y Felicia..., bueno, ellos lo habían logrado incluso antes de que naciera la Izquierda Exquisita. Felicia se crió en Chile. Su padre, Roy Elwood Cohn, un ingeniero de San Francisco, trabajaba para la American Smelting and Refining Co. de Santiago. Como Felicia Montealegre (nombre de soltera de su madre), se convirtió en actriz en Nueva York y obtuvo el premio de la crítica Motion Picture Daily a la mejor actriz novel de televisión en 1949. Su servicio se compone de tres criados sudamericanos blancos, incluido un cocinero chileno, además del chófer y ayuda de cámara inglés de Lenny, que por supuesto también es blanco. ¿Puede comprenderse cuán perfecto es esto, dados... los tiempos que corren? Bueno, muchos de sus amigos sí que lo comprenden, y llaman a los Bernstein y les piden que les consigan criados sudamericanos, y los Bernstein son tan generosos al respecto, tan complacientes, que la gente, agradecida y sin mala intención, los llama «Agencia de Colocación *Spic & Span*»,[1] una ingenua ironía étnica, por supuesto.

La otra salida posible es la que va a adoptar Ellie Guggenheimer en la fiesta que dará la próxima semana por los Young Lords en su dúplex de Park Avenue, en la calle 89, justo a diez manzanas de la de Lenny y Felicia. Dará su fiesta un domingo, el día libre de la doncella y de la mujer de la limpieza. «Dos amigos míos», confía ella al teléfono, «dos amigos míos, que da la casualidad de que son... no blancos... eso es lo que odio de los tiempos en que vivi-

---

1. *Spic & Span* es una expresión que significa «muy limpio»; equivalente al eslogan «más blanco» de los detergentes.

mos, la importancia de los *términos*..., bueno, han aceptado hacer de camarero y de doncella... ¡y yo misma tendré que hacer de doncella también!»

Precisamente en este punto algún alma bienintencionada preguntará: «¿Por qué no prescindir totalmente de los criados, si el asunto crea una tensión tan intolerable y se cree realmente en la igualdad?». Bueno, el solo hecho de plantear la cuestión revela la más absoluta ignorancia de la vida en las grandes residencias y mansiones del East Side en la era de la Izquierda Exquisita. Porque, Dios mío, los criados no son una mera conveniencia, son una absoluta necesidad psicológica. Cuando uno ha entrado en esa vida, cuando está realmente dentro de ella, con los ejercicios matinales en Kounovsky's, y las llamadas telefónicas a mediodía, y el almuerzo en el Running Footman, que ahora se considera realmente mejor que La Grenouille, Lutèce, Lafayette, La Caravelle y el resto, menos fastuosos, más a lo David Hicks, de una riqueza menos ostentosa que Parish-Hadley, pues entonces..., bueno, entonces, la idea de no tener criados es inconcebible. Pero ni siquiera eso lo explica todo. Sigue pareciendo como si se tratara de conveniencia solo, cuando en realidad existe una profunda y fundamental necesidad de... *tener sirvientes*. ¿Está claro?

Dios, qué alud de ideas tabú cruzan la mente de uno en estos acontecimientos... Pero es tan delicioso. Es como si las terminaciones nerviosas estuvieran en permanente alerta ante las más íntimas diferencias de estatus. ¡Negadlo si queréis! Pero eso es exactamente lo que les ocurre a todos. Se dan maravillosas contradicciones por todas partes. Es como el delicioso temblor que obtienes al unir las puntas de dos imanes..., *ellos* y *nosotros*...

Por ejemplo, los criados propios, aunque blancos, generalmente no significan problema alguno. Una palabra discreta, un astuto eufemismo sobre el tipo de fiesta que va a celebrarse, y serán un modelo de corrección. Los eufemismos, sin embargo, no siempre resultan fáciles. Cuando hablamos con nuestros criados blancos, no sabemos si referirnos a los negros como *negros*, *morenos* o *gente de color*. Cuando hablamos con otros, bueno, con... personas *cultivadas*, decimos *negros*, por supuesto. Es la sola palabra, en general, lo que implícitamente muestra la conciencia que uno tiene de la dignidad de la raza negra. Pero por alguna razón, cuando uno empieza a decir la palabra a los propios criados blancos, vacila. No puede lograr que la palabra salga de la garganta. ¿Por qué? *¡Contraculpabilidad!* Uno comprueba que está a punto de pronunciar uno de esos términos hirientes que dividen a los cultivados de los que no lo son, a los refinados de los no refinados, a los *hip* de los vulgares. Tan pronto como la palabra ha sido pronunciada (uno lo sabe antes de que brote el primer sonido), tu criado te calificará como a uno de esos *progresistas de limousine*, o cualquier otro epíteto que usen, que se dedican a entregar su alma blanca al movimiento negro; pero ¿haría usted otro tanto por la clase blanca baja, por los domésticos del East Side, por ejemplo? Difícilmente, *sahib*. ¡Negadlo si queréis!, pero tales son los deliciosos pequeños calvarios de la Izquierda Exquisita. Y uno se decide por *negro* con la esperanza de que el gran dios Culturatus haya dejado a un lado el libro de registro por el momento... En cualquier caso, si uno está dispuesto a aceptar ese pequeño compromiso, los criados propios no son problemas. Pero el ascensorista y el portero... ¡los rayos mortíferos que empiezan a lanzar, sus secas respuestas, tan pronto como se enteran de que va a celebrarse una de *esas* fiestas! Por supuesto, todos ellos son de Queens y demás, y uno tiene que pasar por eso. Por alguna razón, el ascensorista suele ser incluso peor que el portero, un menor sentido de la *politesse* quizás.

O... ¿qué indumentaria llevar a esas fiestas en honor de los Panteras o de los Young Lords o de los recolectores de la uva? ¿Qué puede ponerse una mujer? Obviamente uno no desea llevar algo frívolo y pomposamente caro, como sería un traje de fiesta de Gérard Pipart. Por otro lado, tampoco desea llegar «vestido a lo pobre» con un conjunto de jersey de cuello alto raído y pantalones anchos, como si quisiera parecer «auténtico» y «del pueblo». Francamente, Jean vanden Heuvel (la misma Jean que está ahora en el vestíbulo ofreciendo a todos su famosa sonrisa en la que sus ojos se estrechan hasta un diafragma f/16), francamente, Jean tiende demasiado a esa falacia de lo «auténtico». Jean, que es hija de Jules Stein, uno de los hombres más ricos del país, lleva una especie de falda de cuero raída de un rojo herrumbroso, el tipo de falda que las jóvenes trabajadoras inglesas descubren los sábados por la tarde en esas boutiques londinenses absolutamente *frenéticas*, tales como Bus Stop o Biba, en las que todo parece chic y sin embargo roñoso, usado y vital. Felicia Bernstein parece entender mejor todo el asunto. Contemplad a Felicia. Lleva el vestido negro más sencillo que pueda imaginarse, sin un solo adorno, excepto un sencillo collar de oro. Resulta perfecto. Tiene dignidad, pero ningún simbolismo de clase manifiesto.

¿Y Lenny? Lenny ha estado en el salón todo el rato, hablando con viejos amigos como los Duchin y los Stanton y los Lane. Lenny lleva un jersey negro de cuello alto, blazer azul marino, pantalones de cuadros y un collar con un colgante que pende sobre su esternón. Su sastre vino aquí, al apartamento, para tomar las medidas y hacer las pruebas. Lenny es un hombre bajo, proporcionado, y sin embargo siempre parece alto. Se debe a su cabeza. Posee una noble cabeza, con un rostro a la vez delicado y tosco, con abundante cabello gris oscuro, con patillas, todo bellamente realzado por el amarillo chinesco de la habitación. Su éxito irradia de sus ojos y de su sonrisa con un encanto que ilustra el adagio de lord Jersey: «Contrariamente a lo que nos dicen los metodistas, el dinero y el éxito son buenos para el espíritu». Lenny anda por los cincuenta pero es aún el niño prodigio de la música americana. Así lo dicen todos. No es solo uno de los mejores directores del mundo, sino también uno de los compositores y pianistas más competentes. Es el hombre que más ha contribuido a romper la barrera entre la música de élite y los gustos populares, con *West Side Story* y sus conciertos para niños en la televisión. ¡Cuán natural que esté en su propia casa irradiando el encanto y la gracia que le convierten en el cortés anfitrión de los líderes de los oprimidos! ¡Qué irónico que la hora siguiente vaya a resultar tan fatal para este *egregio maestro*! ¡Qué curioso que el negro del piano vaya a aparecer esta noche!

Sonó una campanilla, la de la mesa del comedor, por el sonido, el tipo de llamada que se utiliza para hacer salir de la cocina a la doncella, y la fiesta se desplazó del vestíbulo al salón. Felicia encabezaba la comitiva, Felicia y un hombrecito gris, con cabello gris, rostro gris, traje gris, y un par de magníficas patillas grises.

Ese hombrecito gris, en suma, que surge de pronto en momentos decisivos... para mantener el mercancías de la historia en el carril, por así decirlo...

Felicia estaba en el fondo del salón intentando acomodar a todos.

–Lenny –dijo–, di a los rezagados que entren.

Lenny estaba aún junto a la entrada del salón, cerca del vestíbulo.

–Rezagados, vamos, vamos, pasad –dijo Lenny–. Pasad.

En el salón, casi todo el mobiliario, canapés, sillones, mesitas, sillas, etc., había sido arrimado a las paredes y se habían colocado en el centro de la habitación treinta o cuarenta sillas plegables. Era una habitación grande, amplia, con paredes amarillo chinesco y blancos frisos, anaqueles, grandes espejos, un retrato de Felicia reclinada en una hamaca, y al fondo, donde estaba Felicia, un par de pianos de cola. Un par; los dos pianos estaban colocados espalda contra espalda. En la parte superior de ambos, una flotilla de fotografías familiares en marcos de plata, el tipo de retratos que se mantienen erguidos gracias a contrafuertes de terciopelo o moaré, de la clase que los decoradores de Nueva York recomiendan para dar a la sala de estar un aire hogareño. Le llaman «el aire *chatchka* de un millón de dólares». Resulta, en cierta forma, perfecto para la Izquierda Exquisita. Lo agradable era que en Lenny resultaba instintivo; en Felicia también. Todo el lugar producía la impresión de que se habían gastado doscientos mil para que el interior no resultara pretencioso, aunque esa no era en verdad una gran suma para una residencia de trece habitaciones, por supuesto... Imaginaos explicando todo eso a los Panteras Negras... Era otro delicioso pensamiento... Los sofás, por ejemplo, estaban tapizados con esas telas de moda, llamativos estampados de fondo blanco, y anchos y suaves cojines, en la tradición de Billy Baldwin o de Margaret Owen –sin que se note que Billy y Margaret han tenido sus problemas con las mesitas de té y las sillas lacadas. *Gemütlich*... La Viena de antaño, cuando vivía el abuelo... Ese era el tono.

En cuanto Lenny puso en movimiento a «los rezagados», la habitación se llenó rápidamente. De hecho, pronto quedó atestada. La gente se sentaba en los sofás y sillones arrimados a las paredes, en las sillas plegables, o se quedaba de pie a la entrada, donde estaba Lenny. Otto Preminger se sentó en un sofá junto a los pianos, donde iban a colocarse los oradores. Las esposas de los Panteras estaban sentadas en las dos primeras filas, con sus tocados yorubas, junto a Henry Mitchell y Julie Belafonte, esposa de Harry Belafonte. Julie es blanca, pero todos la tratan cariñosamente como «Hermana». Detrás de ella estaba sentada Barbara Walters, presentadora del *Today Show* de televisión, que vestía un traje pantalón de cuadros con un gran cuello de vaporosa piel. Harold Taylor, el antiguo «Boy President» de la Universidad Sarah Lawrence, que ahora tiene cincuenta y cinco años y el pelo plateado, pero aún conserva su aspecto juvenil, llegó hasta la primera fila de invitados y dio un abrazo y un gran beso social a Gail Lumet. Robert Bay se sentó en el centro de las sillas plegables. Jean van den Heuvel, de pie en la entrada, intentaba enfocar..., apertura de diafragma f/16..., los pianos... Charlotte Curtis, de pie junto a la puerta, tomaba notas.

Y entonces Felicia se levantó junto a los pianos y dijo:

–Quiero agradeceros mucho, muchísimo, que hayáis venido. Estoy muy, muy contenta de veros aquí.

Todo era perfecto. Su voz rica en tonos como un oboe. Presentó a un hombre llamado Leon Quat, un abogado dedicado a recaudar fondos para los 21 Panteras Negras que habían sido arrestados bajo la acusación de conspiración para volar cinco tiendas de Nueva York, el ferrocarril de New Haven, una estación de policía y los Jardines Botánicos del Bronx.

Leon Quat tenía el aspecto general de esos hombres de cincuenta y dos años que combinan la dirección de un gabinete jurídico, una agencia inmobiliaria y una empresa de seguros en un mismo despacho situado en un segundo piso de dos habitaciones en Queens Boulevard, donde todos los inquilinos pagan los impuestos. Sin embargo, Leon Quat realmente no era ese tipo de hombre. Llevaba patillas. Todo un par de patillas. No llegaban hasta la mitad de la oreja, que es hasta donde llegan las patillas de muchos tipos. No, a pesar de su completo aspecto de agente de seguros de Queens Boulevard, él tenía patillas auténticas, hasta la parte interior del lóbulo, las auténticas patillas que se han convertido, en cierta forma, en distintivo del Movimiento.

Leon Quat se levantó sonriendo:

—Estamos muy agradecidos a la señora Bernstein —dijo, solo que él pronunciaba «steen».

—¡STEIN! —Una gran voz curada por el humo tronó desde el fondo de la sala. ¡Lenny! Leon Quat y los Panteras Negras tendrán oportunidad de oír a Lenny. Eso es absolutamente seguro. Lenny hablará. Leon Quat debe ser el único de los presentes que no sabe lo de Lenny y el Apunte Mental de las tres de la madrugada... Durante años, veinte al menos, Lenny ha insistido en *-stein* no *-steen*, como indicando: yo no soy uno de esos judíos de 1921 que intentan borrar su judaísmo disolviendo sus nombres en una suave pronunciación inglesa. Lenny ha establecido tan claramente su criterio respecto al *-stein* y no *-steen* que de hecho algunas de las personas presentes creen en esa historia de que alguien se acercó a Larry Rivers, el artista, y le dijo: «Oye, he oído que Leonard Bernstein y tú», pronunciándolo *-steen*–, «ya no os habláis.» Y Rivers contestó: «¡STEIN!».

—Estamos muy agradecidos... por su maravillosa hospitalidad —dice Quat, que no parece dispuesto a tratar de repetir el nombre correctamente.

Luego, lanza a la multitud:

—Supongo que los que estamos aquí no somos más que una pandilla de esnobs intelectuales fatigados..., me refiero a las palabras del vicepresidente Agnew, por supuesto, que hoy no puede estar con nosotros porque se halla en el sur del Pacífico explicando la doctrina Nixon a los australianos. Todos los vicepresidentes padecen complejo de Avis: al ocupar por definición un segundo puesto, tienen que exagerar, como el general Ky o Hubert Humphrey...

Espera las sonrisas y las risas ahogadas tras cada una de estas ironías, pero las celebridades y los intelectuales están un poco perplejos. Le conceden una especie de muda atención. Habían venido aquí por los Panteras y la Izquierda Exquisita, y aquí está este director de agencia inmobiliaria de Queens Boulevard con patillas contándoles chistes de Agnew. Pero Quat está demasiado sumergido en su extraño agujero para poder salir.

—Todo el respeto que pudiera haber sentido por Lester Maddox desapareció al ver a Humphrey ponerle el brazo por encima del hombro...

201

Y de algún modo, Quat empieza a desaparecer en el agujero, sepultando a Hubert Humphrey con montones de viejo material al estilo de Shelley Berman. Lentamente va trepando hacia el exterior. Empieza a hablar sobre la persecución de los 21 Panteras. Han estado en la cárcel desde el 2 de febrero de 1969 esperando ser juzgados por ridículas acusaciones, tales como conspirar para volar los Jardines Botánicos del Bronx. Su fianza se ha fijado en la descabellada cifra de 100.000 dólares por persona, lo cual en realidad significa negarles el derecho a la fianza. Han estado aislados y se les ha trasladado de una cárcel a otra. A todos los efectos y propósitos, les ha sido negado el derecho a hablar con sus abogados para preparar su defensa. Han estado sometidos a un tratamiento inhumano en la cárcel –por ejemplo, a Lee Berry, epiléptico, se le arrancó de su cama del hospital para arrojarlo a la cárcel y tenerlo en confinamiento solitario con una bombilla encendida sobre la cabeza día y noche–. Los Panteras que no han sido encarcelados, o asesinados, como Fred Hampton, son acechados y perseguidos en todos los lugares adonde van.

–Uno de los pocos altos funcionarios que se hallan aún... en libertad –Quat sonríe– está hoy aquí. Don Cox, mariscal de campo del Partido de los Panteras Negras.

–Exactamente –dice una voz, un tanto suave, a Leon Quat. Y un negrazo aparece detrás de uno de los pianos de cola de Lenny... *El negro del piano...*

De «Mau-mauando al parachoques»

De cuando en cuando, después de que todo el aparato de la pobreza se pusiera en marcha y los enfrentamientos se convirtieran en algo regular, los blancos se topaban con grupos étnicos distintos, como los indios o los samoanos. Bueno, con los samoanos dejaron pronto de parecer distintos, ni una sola vez se volvieron realmente contra ellos. Los samoanos en el escenario de la pobreza estaban de parte del enfrentamiento directo. Ellos no perdían el tiempo. Eran como los terrores originales desconocidos. De hecho, eran terrores desconocidos elevados al cuadrado.

Por qué tan poca gente de San Francisco sabe algo sobre los samoanos es un misterio. Solo hay que ver a una pareja de esos tipos polinesios paseando por La Misión, pensando en sus propios asuntos, y tardará en olvidarlo. ¿Has visto alguna vez por casualidad a algún jugador de rugby profesional de cerca, en la calle por ejemplo? Uno diría que no es solo que sean grandes, sino que son *tan grandes* que no parecen naturales. Todo en ellos es gigantesco, incluso sus cabezas. Tienen un cráneo del tamaño de una sandía, con dos ojillos bizcos y una boquita y un par de agujeros de nariz que parecen grabados, y absolutamente nada de cuello. De las orejas para abajo, los grandes bobos son solo un armazón soldado, homogéneo, del tamaño de un bidón de aceite. Uno tiene la sensación de que los jugadores de rugby proceden de una especie humana totalmente distinta, de lo grandes que son. Bueno, eso os dará una idea sobre los samoanos, porque estos son aún más grandes. El samoano medio hace que Bubba Smith, el hombre de los Colts, parezca un enano. Empiezan con unos 140 kilos y a partir de ahí sencillamente se hacen *más grandes*. Son enormes gigantes. Todo en ellos es ancho y liso. Tienen grandes rostros amplios y rasgos lisos. Son marrón oscuro con un tono liso.

En cualquier caso, se propaló la noticia entre los grupos de La Misión de que el programa contra la pobreza iba a reducir los trabajos de verano, y que el barrio iba a pasarlo mal. Así que una serie de grupos de La Misión se unieron y decidieron ir al centro, hasta la oficina del programa contra la pobreza, y mau-mauar un poco en beneficio del barrio antes de que los burócratas tomaran alguna decisión. Había negros, chicanos, filipinos y unos diez samoanos.

La oficina del programa contra la pobreza se hallaba en una primera planta y tenía una gran antesala casi desnuda, amueblada tan solo con un montón de sillas de madera. Parecía el vestíbulo de un sindicato, solo que sin escupideras, o uno de esos lugares donde se toma juramento a los nuevos ciudadanos. Como si quisiera indicar al pobre que ellos no poseían mesas forradas de cuero... Todo nuestro dinero es para vosotros...

Así que los jóvenes ases de La Misión llegaron en tropel y pidieron ver al jefe. Llega la noticia de que el Hombre Número 1 está fuera de la ciudad, pero que el Hombre Número 2 saldrá para hablar con ellos.

El tipo sale y tiene el mismo astroso aire irlandés de Ed McMahon en la televisión, solo que con la nariz más larga. En el caso de que os interese la opinión local, los blancos realmente tienen unas narices... Enormes es la palabra exacta... Verdaderos sacos llenos de... Largas y puntiagudas como zanahorias, como pimientos verdes, arqueadas como calabacines, colgando de sus rostros como pepinos. Este hombre tiene una nariz que está a punto de tocar su mentón, pero que no acaba de conseguirlo.

–Tomen asiento, caballeros –dice, señalando las sillas de madera.

Pero no necesita abrir la boca. Lo único que tenéis que hacer es mirarlo, imaginaros la escena. El hombre está condenado a cadena perpetua. Lleva el servicio civil en la sangre. Lo encarna de pies a cabeza, desde esos zapatos color crema hasta la camisa blanca de manga corta. Esos zapatos color crema deben de ser una especie de prenda distintiva de los funcionarios del servicio civil, porque todos los llevan. Cuestan unos 4,99 dólares y la segunda vez que uno mueve los dedos de los pies las costuras se abren y las puntas salen de las plantillas. Pero todos los llevan. Parece como si hubiera comprado la camisa en la venta de fin de temporada de alguno de estos almacenes White Front. Es una de esas camisas con bolsillos a ambos lados. Saliendo de los bolsillos y cruzando todo su pecho lleva una serie de bolígrafos, rotuladores, lápices, algo casi increíble, Paper-Mates, Pentels, Scriptos, Eberhard Faber Mongol 482, Dri-Marks, Bic PM-29, todas las marcas. Están alineados cruzando su pecho como condecoraciones.

Toma una de las sillas y se sienta en ella. Pero se sienta al revés, apoyando las manos y la barbilla en el respaldo, como hace el jefe de una banda. Es como decir: «No vamos a andarnos con cumplidos. Es una operación en mangas de camisa».

–Siento que el señor Johnson no esté hoy aquí –dice–, pero no está en la ciudad. Está en Washington para presentar un importante proyecto. Tendría mucho interés y mucho gusto en veros si estuviera aquí, pero estoy seguro de que comprenderán que lo más importante que puede hacer por ustedes es batallar por esos proyectos en Washington.

El hombre sigue con los brazos y la cabeza sobre el respaldo de la silla, pero mueve las manos en el aire de vez en cuando para reforzar una frase, primero una mano y después la otra. Parece como si estuviera haciendo señales con banderas a todo el equipo. La forma en que se apoya en el respaldo de la silla es un punto decisivo de la operación «en mangas de camisa». Y mover sus manos en el aire es dinamismo... significa: «Estamos haciendo todo lo posible por eliminar el papeleo».

–Pero aquí estoy yo para responder a todo lo que pueda –dice–, aunque tienen que comprender que solo hablo como individuo, y por tanto, naturalmente, ninguna de mis opiniones es válida, pero responderé a todas las preguntas que pueda responder, y si yo no puedo responderlas, haré todo lo posible para conseguir las respuestas.

Y entonces se os ocurre, y os preguntáis por qué habéis tardado tanto en entenderlo. Este hombre es el parachoques. Su trabajo consiste en parar los golpes dirigidos contra el Número 1. Es igual que las plañideras profesionales que uno puede alquilar en Chinatown. En Chinatown tienen plañideras tituladas, profesionales, y cuando se te muere un ser querido puedes contratar plañideras profesionales que lloren en el funeral y demuestren la gran pérdida que ha significado la desaparición del difunto para la comunidad. De la misma forma, ese esbirro está presto a detener todos los golpes que lancéis. No importa en qué despacho le coloquen. Da igual. Programa contra la pobreza, importaciones japonesas, control de la cosecha de tomates, incapacidad parcial, préstamos para viviendas, estudios sobre las desviaciones de la interestatal 90, cierres de fábricas, huelgas, pensiones alimenticias para esposas separadas de G.I., ayuda al Pakistán, epidemia Loa loa, servicios médicos de los veteranos, accidentes de trabajo, exenciones provisionales de impuestos, cualquier cosa que te disguste, no importa cuál, él está allí para parar la artillería. Es un esbirro.

Todo el mundo sabe que la escena es una comedia. Pero, sencillamente, uno no puede dar media vuelta y marcharse. Uno no puede llevar a treinta y cinco personas haciendo todo el recorrido desde La Misión hasta el número 100 de la calle McAllister y después darse la vuelta tranquilamente y volverse. Por tanto... hay que mantener las formas.

Uno de los chicanos pone todo en marcha haciendo la pregunta exacta: cuántos trabajos de verano van a obtener los grupos de La Misión. Esta es la frase de apertura, la frase del enfrentamiento directo, en el arte de mau-mauar.

—Bueno —dice el Parachoques, y vuelve la cabeza y mueve la mano y sonríe de forma conciliadora—, me resulta difícil responder en la forma en que me agradaría responder a esta pregunta, y en la forma en que sé que os agradaría que os contestara, porque eso es precisamente lo que estamos activando en Washington. Pero puedo deciros esto: en este punto no veo razón alguna por la que el número de trabajos vaya a disminuir, si todo lo que tenemos en cuenta es el número de factores urbanos de la zona, y este debe ser el mismo. Por supuesto, si ha habido alguna disposición previa sustancial en Washington con respeto a la parte fija de nuestro programa, como las escuelas maternales o los centros hospitalarios de la comunidad, eso podría cambiar la situación. Pero tenemos grandes esperanzas, y tan pronto como tengamos las cifras, os aseguro que vuestra gente será la primera en saberlo.

Todo sigue más o menos igual durante un rato. Sigue diciendo cosas como: «No conozco la respuesta a eso en este momento, pero haré todo lo que pueda por dar con ella». Por la forma en que habla, uno puede pensar que se cree que va a impresionar por su honestidad respecto a lo que no sabe. O dice: «Qué más querría yo que pudiéramos dar trabajo a *todos*. Créanme, nada me agradaría más, tanto personalmente como en representación de esta oficina».

Y entonces uno de los valientes dice:

—Bueno, amigo, ¿y qué haces tú ahí sentado deslumbrándonos con toda esa retórica burocrática si tú mismo has confesado que lo que nos digas no vale para nada?

Ba-ram-ba-ram-ba-ram-ba-ram, un grupo de ases empieza a golpear el suelo al unísono. Suena igual que si tuvieran herraduras.

—Ja-aaaaaj —dice el Parachoques.

Es una de esas carcajadas que se inician como risa y que concluyen como si el tipo hubiera sido golpeado en el estómago a medio camino. Es el primer asalto a su dignidad. Entonces inicia su mueca de comemierda, que es siempre la fase número dos. ¿Por qué tantos burócratas, decanos, predicadores, directores de colegios, intentan sonreír cuando se inicia el mau-mau? Esta sonrisa es fatal. Cuando algún mal tipo está desafiando tu virilidad, tu sonrisa sencillamente prueba que tiene razón y que eres un gallina, a menos que tú mismo seas un duro con tanto valor que puedas lograr que esa sonrisa diga: «Solo sigue hablando, pelele, porque voy a contar hasta diez y entonces te *aplastaré*».

–Bueno –dice el Parachoques–, no puedo prometerles trabajos si los trabajos aún no están disponibles.

Y entonces alza la mirada como si por primera vez se estuviera fijando realmente en los treinta y cinco lobos del gueto que están ahora frente a él, como si midiese la amenaza, ahora que ha empezado el jaleo. Sin duda ha visto antes a los negros y a los chicanos, o a tipos parecidos, pero entonces se fija en los filipinos. Son unos ocho, todos con su amarillo aceitunado y sus jerséis de un verde brillante y pantalones color limón y calcetines estilo italiano. Pero es el tocado lo que impresiona más. Todos llevan gafas de sol a lo Rap Brown y sombreros a lo cosaco ruso. Tienen un aspecto *terrible*. Entonces el hombre se fija en los samoanos, y su aspecto es aún peor. Hay unos diez samoanos, pero ocupan media habitación. Llevan camisas isleñas con dibujos de rayas y flores rojas, pero de un rojo realmente rojo sangre, como ese rojo con que se pintan los suelos en talleres y tintorerías.

Están mirándole fijamente desde sus grandes y amplios rostros marrón oscuro. Los monstruos tienen espeso cabello rizado, pero les crece en largas guedejas, y se lo peinan liso hacia atrás, en largas hebras rizadas, que parecen trabajadas con fijador, y sus pies son enormes y calzan sandalias. Las correas de las sandalias parecen bridas de un caballo de tiro. Pero lo que realmente impresiona al Parachoques, aparte del gran tamaño de las bestias, son los bastones *tiki*. Son igual que cetros polinesios. Tienen el tamaño de tacos de billar, solo que están totalmente grabados con dibujos polinesios. Cuando rodean con sus puños estos bastones, cada nudillo de sus manos adquiere el tamaño de una nuez. Cuando algo de lo que oyen les gusta, como la parte sobre «la retórica burócrata» golpean el suelo al unísono con la punta de los bastones polinésicos, *ba-ram-ba-ram-ba-ram-ba-ram*, aunque algunos de ellos apoyan un extremo del bastón sobre la suela de sus sandalias entre los dos

207

primeros dedos del pie y acompañan con el pie el movimiento del bastón, para amortiguar el golpe sobre el suelo. No desean estropear sus bastones.

El Parachoques está aún mirándolos, y su rictus de comemierda se acentúa. Es como si *supiera* que lo peor está aún por llegar..., maldita sea..., aquel de enfrente..., aquel Salvaje Cabeza-de-Piña...

–Bueno, macho –dice el cabecilla. Tiene un acento realmente molesto–. Bueno, macho, ¿cuánto sacas?

–¿Yo? –dice el Parachoques–. ¿Que cuánto saco yo?

–Sí, compadre, tú. ¿Cuánto dinero sacas?

Ahora el hombre trata de pensar, en ocho direcciones a la vez. Fuerza una nueva sonrisa. Intenta sonreír a negros, chicanos y filipinos, como si les dijera: «De persona inteligente a persona inteligente, ¿qué es lo que conseguís con machacar así a la gente?». Pero todo lo que obtiene son miradas feroces, y su boca adopta a esa terrible mueca enfermiza, y entonces puedes observar que existe todo un conjunto de pequeños músculos alrededor de la boca humana, y que los suyos están empezando a retorcerse y a estremecerse..., está luchando por conservar el control... Pero es una batalla perdida...

–¿Cuánto, macho?

Ba-ram-ba-ram-ba-ram-ba-ram, siguen golpeando el suelo.

–Bueno –dice el Parachoques–, salgo por mil cien al mes.

–¿Cómo es que ganas tanto?

–Buenooooooo... –La mueca, la última súplica de clemencia..., y ahora los ojos del pobre hombre están convirtiéndose en bolitas de hielo, y su boca se está quedando seca.

Ba-ram-ba-ram-ba-ram-ba-ram.

–¿Cómo es que sacas tanto? Mi padre y mi madre, trabajando los dos, solo llegan a seiscientos cincuenta.

Oh, mierda, ha hablado demasiado. Esta suma está muy por encima del nivel de pobreza, casi el doble en realidad. Supera incluso lo estipulado para una familia de doce. Uno puede entender lo que pasa por la cabeza del Parachoques, que intenta sobreponerse para dar con una respuesta demoledora. Pero no es capaz de responder a aquellos gigantes.

–Escucha, hermano. ¿Por qué no renuncias a tu sueldo en favor de los que estamos sin trabajo? En realidad no haces puta cosa.

–Buenooooo –gesticula, suda, deja colgar las manos sobre el respaldo de la silla.

Ba-ram-ba-ram-ba-ram-ba-ram.

–Venga, compadre, danos tu paga.

Ahí está..., el horror final... Ahora lo ve..., lo oye... Quince toneladas de horror... Es horrible..., es posible..., es tan obsceno, sencillamente puede ocurrir... Los gigantescos Monstruos Polinesios llegando hasta su oficina cada día de paga... Entrégalo, macho..., arrancándolo de entre sus mismos dedos..., eternamente... Se retuerce las manos... los pequeños músculos de alrededor de su boca se crispan. Intenta recuperar su sonrisa, pero aquellos malditos músculos transforman sus labios en una O, como si fueran un muelle.

–Renunciaría gustoso a mi sueldo –dice el Parachoques–. Estaría encantado de hacerlo si eso sirviera de algo. Pero no podéis entenderlo, caballeros, eso sería solo una gota de agua en el mar..., solo una gota en el mar. –Esta frase, *una gota de agua en el mar*, parece darle aliento..., es algo a lo que agarrarse..., una respuesta..., una salida...–. Piensen en lo que hemos conseguido únicamente en esta ciudad, caballeros. ¡Todos nosotros! ¡Es solo *una gota de agua en el mar!*

Los samoanos no parecen hallar respuesta alguna a esto, así que el Parachoques sigue.

–Bueno, caballeros –dice–, díganme lo que tengo que hacer y lo haré. *Por supuesto* vosotros queréis más trabajos de verano, y nosotros queremos que los tengan. Eso es lo que buscamos. Yo desearía poder dar trabajo a todos. Díganme cómo conseguir más trabajos, y nosotros los conseguiremos. Estamos haciendo todo lo que podemos. Si podemos hacer más, díganme cómo y estaré encantado de hacerlo.

Uno de los valientes dice:

–Hombre, si tú no *sabes cómo*, entonces no te *necesitamos*.

–¡Eso está bien, macho! ¡Para qué te necesitamos!

Podéis apostar a que los samoanos desearían haber ideado ellos mismos aquel golpe bajo –*ba-ram-ba-ram-ba-ram-ba-ram*–; con sus bastones arman un estrépito infernal.

–Amigo –dice el valiente–, tú no haces más que ocupar sitio, y matar el tiempo y te pagan por eso.

–¡Eso mismo, hermano! ¡Estás chupando del bote! *Ba-ram-ba-ram-ba-ram-ba-ram.*

–Oye amigo –dice el valiente–, si tú no sabes nada y no puedes hacer nada y no puedes decir nada, ¿por qué no explicas a tu jefe lo que queremos?

–¡Eso mismo, macho! ¡Díselo al Hombre! *Ba-ram-ba-ram-ba-ram-ba-ram.*

–Como ya os he dicho, está en Washington intentando que aprueben los proyectos de *ustedes.*

–Tú hablas con el Hombre, ¿no es así? Te permitirá hablarle, ¿no?

–Sí...

–Envíale un telegrama, hombre.

–Bueno, de acuerdo...

–Mierda, coge el teléfono, hombre.

–Eso mismo, macho. Coge el teléfono. *Ba-ram-ba-ram-ba-ram-ba-ram.*

–Por favor, caballeros. Es absurdo. Ya son más de las seis en Washington. La oficina está cerrada.

–Entonces llámale por la mañana, hombre –dice el valiente–. Volveremos aquí por la mañana para *ver* cómo llamas al Hombre. Estaremos encima de ti para que no te olvides de hacer esa llamada.

–Eso mismo, macho. Estaremos encima de ti. *Ba-ram-ba-ram-ba-ram-ba-ram.*

–De acuerdo, caballeros..., de acuerdo –dice el Parachoques. Se palmea los muslos y se levanta–. Les diré lo que... –Por la forma como lo dice parece que el tipo está intentando escudarse en un rinconcito de su virilidad. Intenta adoptar un tono que significa: «Realmente no habéis estado aquí durante quince minutos intimidándome, pisándome los huevos y humillándome..., en realidad hemos tenido una discusión sobre cuestiones de procedimiento, y estoy dispuesto a admitir que me habéis convencido»–. Si eso es realmente lo que quieren –dice–, estoy dispuesto desde luego a hacer la llamada telefónica.

–¡Si nosotros *queremos*! ¡Si tú estás *dispuesto*! Esto no es cuestión de querer o no querer, hombre. Tú vas a hacer esa llamada. Nosotros estaremos aquí y *veremos* cómo la haces.

–Eso mismo, macho. Estaremos vigilándote.

Ba-ram-ba-ram-ba-ram-ba-ram.

–Volveremos.

Y el Parachoques está allí de pie y su boca de nuevo le juega malas pasadas. Y los samoanos alzan sus bastones y salen. Todos los ases, todos van pensando..., lo hemos hecho otra vez..., hemos mau-mauado al maldito blanco, le hemos asustado hasta que se ha puesto a cantar un dúo con el esfínter, y la gente se ha convencido de tener el poder. ¿Viste la cara que ponía? ¿Viste cómo temblaba ese pelele? ¿Viste cómo se mordía los labios? Estaba asustado, eh. Esta es la última vez que ese maldito ensaya su *factor urbano* y sus *partes fijas* y demás mandangas con nosotros. Volverá a su casa en Diamond Heights y le dirá a su mujer: «Cariño, prepárame un trago. Esos cabrones estuvieron a punto de asesinarme». El pelele había quedado casi *petrificado...* Debía de tener muy fijos en su mente aquellos bastones polinesios...

Por supuesto, al día siguiente nadie aparece por la oficina del programa contra la pobreza para asegurarse de que el esbirro hace la llamada telefónica. En realidad, siempre pasa lo mismo. Nadie sigue el juego hasta el final. Puedes prepararlo todo una vez, para una manifestación, para un enfrentamiento, para ir al centro y mau-mauar, por diversión, por armar una juerga, por cachondearse un rato, por ver un espectáculo, por ver a la gente pisarle los huevos a un cagatintas y hacerle arrastrarse y gemir y sumirse en una mueca de terror. Pero nadie sigue el juego hasta el final. Sencillamente, te olvidas hasta que alguien dice que va a haber otra gran función.

Y después piensas en el asunto y te dices: «¿Y qué pasó realmente el otro día? Sí, otro esbirro perdió su hombría, eso fue lo que pasó». Hummmmm... Quizás en el fondo la burocracia no sea tan estúpida como parece... Todo lo que hicieron fue sacrificar a un esbirro, y al fin y al cabo disponen de cientos, de miles..., tienen piezas de recambio. Te entregan esta víctima y te vas de allí satisfecho. Y ni siquiera el Parachoques pierde gran cosa. No ha perdido su hombría. Ya la perdió hace mucho tiempo, el día en que se convirtió en un esbirro... ¿Quién está jodiendo a quién?... Tú hiciste tu número y él el suyo, y ni siquiera tuvieron que parar la música... La banda siguió tocando... y, *sin embargo...*, ¿viste la cara que ponía? Pelele...

NOTA SOBRE LA ANTOLOGÍA

Los textos de esta antología son la selección de otra más amplia, de veintitrés textos, realizada por Tom Wolfe y E. W. Johnson, para la edición original.

Las fuentes son las siguientes:

Rex Reed: *Do you Sleep in the Nude?*, 1968. Traducción de Ramón Font.

Terry Southern, *Red Dirt Marijuana and Other Tastes*, 1968. Edición castellana, *A la rica marihuana y otros sabores*, Anagrama, Barcelona. Traducción de Kosián Masoliver.

Norman Mailer: *Armies of the Night*, 1968. Edición castellana, *Los ejércitos de la noche*, Grijalbo, Barcelona-México. Traducción de Juan-Carlos García-Borrón.

Nicholas Tomalin: «The General Goes Zapping Charlie Gong», *The Times*, 1966. Traducción de Ramón Font.

Barbara L. Goldsmith: «La Dolce Viva», *New York Magazine*, 1968. Traducción de José Luis Guarner.

Joe McGinniss: *The Selling of the President*, 1969. Edición castellana, *Cómo se vende un presidente*, Península, Barcelona. Traducción de Josep Rovira.

Robert Christgau: «Beth Ann and Macrobioticism», *New York Herald Tribune*, 1966. Traducción de José Luis Guarner.

John Gregory Dunne: *The Studio*, 1969. Edición castellana, *El estudio*, Anagrama, Barcelona. Traducción de José Luis Guarner.

Tom Wolfe: *Radical Chic & Mau-Mauing the Flack Catchers*, 1970. Edición castellana, *La Izquierda Exquisita & Maumauando al parachoques*, Anagrama, Barcelona. Traducción de José Manuel Álvarez y Angela Pérez.

ÍNDICE

Impreso en
Especialidades Gráficas Editoriales, S. A.,
Calle de Roís de Corella, 12
08205 Sabadell (Barcelona)